CASIMIR,

OU

LE COMMIS-VOYAGEUR,

COMÉDIE-VAUDEVILLE EN DEUX ACTES,

PAR

MM. PAUL DUPORT ET LAURENCIN;

Représentée pour la première fois, à Paris, sur le théâtre du Gymnase Dramatique, le 30 janvier 1838.

DISTRIBUTION DE LA PIÈCE :

CASIMIR DUBREUIL, commis-voyageur........	M. BOUFFÉ *.
MONBRUN..............................	M. H. TISSERANT.
BERTHELIN, ancien négociant, atteint de monomanie..............................	M. KLEIN. / M. MONVAL **.
FRÉDÉRIC..............................	M. RHOZEVILLE.
LE COMMANDANT..........................	M. GABRIEL.
Mme ORTHÈS, maîtresse de l'auberge.........	Mlle JULIENNE.
JOSÉPHINE, sa filleule......................	Mlle HABENECK.
ADÈLE, nièce de Berthelin.................	Mlle MÉLANIE.
HABITUÉS du billard.	
JEUNES GENS de la ville.	

La scène se passe à Montpellier, dans l'auberge de madame Orthès.

ACTE PREMIER.

Le théâtre représente une salle d'auberge. Au fond, une porte donnant sur un vestibule; à gauche de cette porte, une chaise. A gauche, deux portes conduisant aux logements; a droite, une porte ouvrant sur un cabinet; du même côté, une table couverte de rideaux et de linge qu'on est en train de repasser et de plier.

SCÈNE I.

BERTHELIN, JOSÉPHINE ***.

(Au lever du rideau Berthelin est assis à gauche du théâtre; il tient un crayon, des papiers, et calcule. Joséphine est à la porte du fond, et regarde dans la cour.)

JOSÉPHINE, descendant la scène.

La diligence ne vient pas. (Soupirant.) Ah!... quand on attend quelqu'un qu'on aime!... Depuis que Casimir m'a écrit qu'il arriverait aujourd'hui, je ne vis plus.

BERTHELIN, à lui-même.

Pose quatre et retiens sept... total soixante-quatorze mille francs.

JOSÉPHINE.

Dame!... après six mois qu'on ne s'est vu... C'est vrai, il y en avait deux qu'il était parti de Paris pour un voyage en Alsace, quand ma marraine m'a rappelée à Montpellier pour l'aider à tenir son auberge..... aussi ce cher Casi-

* Ce rôle, joué par M. Bouffé, avec l'admirable supériorité qu'il porte dans *tous les genres*, appartient plutôt à l'emploi des jeunes premiers rôles qu'à celui des comiques, auxquels MM. les directeurs de province ne devront le distribuer que dans des cas tout-à-fait exceptionnels.

** La folie, dans ce rôle, ne doit se manifester que par un peu de désordre dans le débit et dans les regards. On compte sur l'intelligence de MM. les artistes qui en seront chargés, pour justifier l'erreur de Casimir, en s'abstenant de pousser le comique jusqu'à la bouffonnerie.

*** On a observé, dans l'impression, l'ordre des places des personnages, en commençant par la gauche des spectateurs (ce qui est la droite des acteurs). Les changements de places qui ont lieu dans le cours des scènes sont indiqués par des renvois au bas des pages.

mir!.... (Prêtant l'oreille.) Hein!.... n'entends-je pas un bruit de chevaux?...

BERTHELIN.

Des chevaux?... vous en avez à vendre?... Vos prix?... combien la douzaine?... à combien le mille?

JOSÉPHINE.

Non, monsieur Berthelin, non.

BERTHELIN, calculant et chiffrant toujours.

Décidez-vous... j'ai encore cent quatorze mille francs... qu'est-ce que je dis? cinq cent quatorze mille francs... Attendez donc... je me trompe : c'est cinq cent quatorze mille... millions de francs.

JOSÉPHINE.

Allons... le voilà encore avec ses millions... et sans sa nièce, cette bonne mademoiselle Adèle.... pauvre cher homme!.... Eh bien! du moins dans sa folie il est toujours gai et content... Au lieu que moi... si Casimir n'a pas fait de bonnes affaires.... et qu'il n'apporte pas l'argent que ma marraine doit à M. Caboulet... Oh! ce M. Caboulet...

AIR de l'Artiste.

Faute d'avoir la somme,
Il se venge sur moi,
Et veut, le vilain homme!
Que j' lui donne ma foi.
En ça j'ai bien peu d' chance;
Car on n' prend guèr' maint'nant
Des serments de constance
Pour de l'argent comptant.

Oh! si ma marraine persiste à me faire épouser ce méchant homme là!...

BERTHELIN.

En voulez-vous cent quatorze mille francs?

JOSÉPHINE.

Oui, monsieur Berthelin, oui... (A elle-même.) Disons comme lui, pour flatter sa folie... quoique ça fasse mal de parler de millions quand on n'a rien... (Prêtant l'oreille et se levant vivement.) Ah! pour le coup je ne me trompe pas... c'est la diligence... (elle court à la porte.) oui...

BERTHELIN, se levant et arrangeant ses papiers.

La diligence!... à combien... à combien les chevaux?... combien les paquets?... les voyageurs?... (Il sort en courant.) Eh, postillon! arrêtez... Eh! postillon!...

SCÈNE II.

JOSÉPHINE, seule, regardant toujours dans la cour.

Ah!... le voici, je crois... oui... ça doit être lui qui descend de l'impériale... il est si vif, si alerte. (Cri d'effroi.) Dieu!... il va se blesser... (se rassurant.) non... (faisant des signes.) pst... pst... (Cri de désappointement.) Ah! (elle se retire toute confuse.) ce n'est pas lui; voilà tous les voyageurs descendus, et je ne le vois pas... (Revenant tristement.) Allons, ce ne sera pas pour aujourd'hui... mais pourquoi donc?... Et ne pouvoir m'informer... car il ne faut pas que ma marraine se doute... tout serait perdu... Ah! je suis d'une inquiétude!...

SCÈNE III.

JOSÉPHINE, ADÈLE.

ADÈLE, qui vient d'entrer par le fond, et qui a déposé une petite corbeille à tapisserie sur la chaise à gauche de la porte.

De l'inquiétude!... qu'avez-vous donc, Joséphine?...

JOSÉPHINE, tressaillant.

Mademoiselle Adèle... moi, je n'ai rien.

ADÈLE.

Rien!... c'est bon à dire à votre marraine, à madame Orthès; mais, moi, il y a déja longtemps... Oh! ce n'est pas la première fois, Joséphine.... je suis sûre qu'il y a là-dessous de l'amour...

JOSÉPHINE.

Eh bien! oui; mais puisque vous y voyez si clair pour les autres, vous devriez bien faire aussi attention quand on vous aime...

ADÈLE.

Moi...

JOSÉPHINE.

Oui, M. Frédéric... un bon jeune homme, si intéressant... (Mouvement d'Adèle.) Oh! je sais bien que vous ne l'aimez guère, vous... c'est ce qui l'empêche de se déclarer, sur-tout quand il voit votre préférence pour M. Monbrun, un mauvais sujet, un joueur, qui a dissipé sa fortune, et qui vous fait la cour pour la vôtre... tandis que M. Frédéric, il sera un jour aussi riche que vous, et pourtant il se contraint crainte de vous déplaire.

ADÈLE.

Vous croyez...

JOSÉPHINE.

Tenez, hier encore, pendant que M. Monbrun faisait auprès de vous le beau parleur, si vous aviez vu M. Frédéric, comme il était pâle et tremblant (vivement.) de colère... j'ai cru qu'il allait lui chercher querelle.

ADÈLE.

O ciel!... un duel entre eux!

JOSÉPHINE.

Écoutez donc, ce jeune homme, il est brave, et quoique M. Monbrun passe pour ne jamais manquer son adversaire à aucune arme, ça ne l'effrayait pas, allez... car il le regardait d'un air, (faisant le geste de regarder avec dédain.) comme ça... au point que l'autre s'en est aperçu.

ADÈLE.

M. Monbrun?

JOSÉPHINE.

Oui... et je voyais déjà sa grosse moustache se relever de travers comme quand il va se fâcher; ce qui lui arrive souvent, et pour bien moins que ça... Eh! mais... (remarquant l'émotion d'Adèle.) qu'avez-vous donc à votre tour?... Ah! mon Dieu!... ce que je vous disais de M. Frédéric?...

ADÈLE.

Silence!...

JOSÉPHINE.

Cet effroi!... vous l'aimez donc?

ADÈLE, avec mystère.

Oui...

JOSÉPHINE.

Eh bien!... puisque vous êtes libre de votre main, il faut l'encourager pour qu'il parle...

ADÈLE.

Au contraire, lui ôter toute espérance, pour qu'il se taise toujours.

JOSÉPHINE.

Et pourquoi donc?...

ADÈLE, avec effroi, à voix basse.

M. Monbrun le tuerait.

JOSÉPHINE.

Ah! je vous comprends... et vous devez souffrir aussi.

ADÈLE.

Oh! oui, et si je n'étais pas à la veille de quitter Montpellier... mais depuis un an que j'y suis venue pour faire donner des soins à mon oncle, il est rétabli; il n'y a plus que sa pauvre tête... mais les médecins assurent qu'avec le temps, un long repos, il pourra reprendre sa maison de commerce.

JOSÉPHINE.

D'ailleurs sa folie le rend si heureux...

ADÈLE.

Aussi je vais partir, retourner à Nantes... là, du moins, si je suis loin de M. Frédéric, je n'aurai plus à craindre sans cesse pour lui.

JOSÉPHINE, montrant Frédéric qui entre par le fond.

Eh mais, justement le voici.

SCÈNE IV.

FRÉDÉRIC, ADÈLE, JOSÉPHINE.

ADÈLE, troublée.

Ciel!... (A Joséphine.) Vous disiez donc que mon oncle...

FRÉDÉRIC, s'avançant avec respect.

M. Berthelin? vous le cherchez, mademoiselle?

ADÈLE.

Monsieur...

FRÉDÉRIC.

Je viens de le voir, assis près de la porte qui conduit de votre jardin dans celui de l'auberge; il crayonnait sur ses papiers.

ADÈLE.

Je vous remercie, monsieur...

JOSÉPHINE, qui s'est mise à repasser.

Encore quelque marché, quelque spéculation qu'il va nous proposer; il ne rêve qu'à ça.

ADÈLE.

Oui, c'est tout son bonheur... et je ne saurais trop remercier tous nos voisins de la complaisance avec laquelle on se prête à sa fantaisie. Et à propos, ma bonne Joséphine, je venais vous prier de faire réclamer, au bureau de la diligence, une caisse, un carton que j'attends de Paris.. des robes, un chapeau...

JOSÉPHINE, gaîment.

Je devine, vous les ferez porter à votre oncle, comme à l'ordinaire, pour qu'il croie vous les acheter, vous en faire cadeau.

ADÈLE.

Il aime tant à discuter et débattre les prix!

JOSÉPHINE.

Et il s'y entend très bien... mais très bien...

ADÈLE.

Oui, des mots, des noms qui lui sont restés de son ancienne habitude des affaires... mais allez, je vous prie...

FRÉDÉRIC.

Si vous le permettiez mademoiselle, je me chargerais moi-même...

ADÈLE.

Oh! non... monsieur... je ne veux pas vous donner la peine...

FRÉDÉRIC.

AIR: Depuis long-temps j'aimais Adèle.

De vous rendre un léger service
Quoi! me refuser la douceur,
Lorsque pour vous le plus grand sacrifice
A mes yeux serait un bonheur?
Oui, le seul bien que je desire,
C'est...

ADÈLE, l'interrompant.

Ah! gardez-vous d'achever.

FRÉDÉRIC.

Soit, défendez-moi de le dire,
Mais laissez-moi vous le prouver.

ADÈLE, émue avec abandon.

Ah! monsieur Frédéric, croyez-bien...

MONBRUN, paraissant à la porte de gauche.

Soit... la revanche à tantôt...

(Il se retourne comme pour écouter ce qu'on lui dit de l'intérieur.)

ADÈLE, à part.

Monsieur Monbrun!

FRÉDÉRIC, très vivement et avec espérance.

Vous me disiez, mademoiselle?...

ADÈLE, s'éloignant de lui avec froideur.

Rien !... rien, monsieur...

(Elle va chercher sa corbeille.)

FRÉDÉRIC, à part et regardant Monbrun.

Ah ! oui... je comprends. (Avec colère.) Maudit fat ! oh ! ça finira mal.

JOSÉPHINE.

Pauvre jeune homme !

SCÈNE V.

LES MÊMES, MONBRUN.

MONBRUN, une pipe à la main, à la cantonade.

Au diable !... j'ai dit à tantôt... Garçon ? du feu !... Si vous n'êtes pas content, allez vous promener ! (Apercevant Adèle.) Ah ! mille pardons, mademoiselle... je ne... j'ignorais... si je vous avais sue là... je me serais empressé d'accourir...

ADÈLE.

J'aurais été désolée de vous déranger.

(Elle s'assied sur le devant du théâtre à gauche.)

MONBRUN.

Ah ! par exemple !... vous badinez... moi qui loin de vous ne fais que languir... (Repoussant le garçon qui lui apporte du feu.) Veux-tu bien... imbécille !... devant mademoiselle !... (Le garçon se sauve.) Oui, mademoiselle... je me consume... je... ce n'est pas comme vous, qui êtes d'une fraîcheur ce matin... non, parole d'honneur la plus sacrée, vous embellissez tous les jours...

FRÉDÉRIC, à part.

Quel ton !... quel langage !... et voilà celui qu'elle me préfère !

ADÈLE, à Monbrun qui continue de lui parler.

De la flatterie, monsieur Monbrun... je ne vous connaissais pas ce défaut-là...

(Ils continuent à se parler bas.)

JOSÉPHINE, à elle-même.

Ni moi non plus... ça lui complette la collection...

FRÉDÉRIC, à part, tordant ses gants avec colère.

Dès qu'il est là, elle ne ferait pas même attention à moi.

JOSÉPHINE, quittant son ouvrage et venant à Frédéric.

Laissez donc vos gants tranquilles .. quand vous ferez ces grands yeux colères... (plus bas.) les autres, ceux que vous aviez tout-à-l'heure en parlant à mam'selle Adèle, lui plaisent bien mieux.

FRÉDÉRIC.

Et qu'importe ? voyez comme elle lui sourit... ah ! si je ne me retenais...

JOSÉPHINE, l'arrêtant.

Monsieur !...

FRÉDÉRIC.

Oui, vous avez raison... le provoquer, pour qu'elle me haïsse après... non, mieux vaut partir...

JOSÉPHINE.

Gardez-vous-en bien...

FRÉDÉRIC.

Comment ?

ADÈLE, à Monbrun.

C'est d'une galanterie... (A part.) Quel supplice !

FRÉDÉRIC, à Joséphine.

L'entendez-vous ?...

JOSÉPHINE.

N'importe, restez et espérez...

FRÉDÉRIC, à part.

Que dit-elle ?

(Il regarde tour-à-tour Adèle et Joséphine. Celle-ci lui fait signe d'être discret.)

SCÈNE VI.

LES MÊMES, Mme ORTHÈS.

MADAME ORTHÈS, avant d'entrer.

Joséphine !... (Entrant par le fond.) Joséphine !

(Elle a ôté son fichu qu'elle pose sur le dos de la chaise à gauche de la porte.)

JOSÉPHINE.

Plaît-il, ma marraine ?

MADAME ORTHÈS.

Eh bien ! ce linge... comment, tu n'es pas plus avancée ?...

MONBRUN.

Allons, allons, maman Orthès, ne nous fâchons pas.

MADAME ORTHÈS.

Bonjour, monsieur Monbrun. (Saluant Adèle et Frédéric.) Mam'zelle, Monsieur, votre servante. (A Joséphine qui s'est mise à plier vite le linge.) Donne-moi ça, et va aider Catherine à préparer les trois chambres du second... tiens, voici les clefs.

JOSÉPHINE.

Oui, ma marraine. (Bas à Adèle.) Ne les laissez pas ensemble : monsieur Frédéric est furieux.

ADÈLE, s'oubliant.

Ciel !

JOSÉPHINE, lui faisant signe de se taire, très vite.

Oui, mademoiselle, j'irai réclamer vos cartons, soyez tranquille.

MADAME ORTHÈS, la pressant.

Va donc, va donc... ah !... et prépare aussi le cabinet bleu... un coup de balai... des draps blancs...

(Joséphine sort.)

SCÈNE VII.

ADÈLE, assise ; MONBRUN, FRÉDÉRIC, Mme ORTHÈS.

(Pendant cette scène et la suivante, Adèle travaille à sa tapisserie.)

MADAME ORTHÈS.

Il n'en faut pas davantage... un jeune homme

qui est descendu à deux lieues d'ici, à ce que vient de me dire le conducteur... c'est un commis-voyageur... ça n'arrête guère à l'auberge, et le peu que ça y reste... Ah! ciel!

AIR de l'Écu de six francs.

Tous ces voyageurs du commerce
Sont d' bons enfants, gais, sans façon;
Mais ça dérange, ça boul'verse,
Ça périt tout dans un' maison!
C'est p't-être entre eux un' convention:
J' crois qu' chacun d'eux a des remises
Sur tout c' qu'il casse et qu'il détruit,
Afin d' procurer du débit
Pour les nouvelles marchandises.

La mort au mobilier, quoi! témoin le dernier qui a logé ici.

MONBRUN.

Ah! oui, oui...le gros Bordelais...celui qui m'a gagné six bols de vin chaud... Que le diable l'emporte!

SCÈNE VIII.

LES MÊMES; CASIMIR, casquette polonaise, cravate de foulard mise à la colin, chemise de couleur, pantalon à blouse. Blouse ouverte comme une redingote. — Redingote en étoffe de couleur foncée dessous. — Il fume une longue pipe turque qui lui sert de canne, et tient un porte-manteau.

CASIMIR; il paraît au fond, s'arrête sur le seuil de la porte, laisse tomber son porte-manteau et fait l'exercice avec sa pipe.

Portez harrmes!... prrrrésentez harrrmes. *salutem omnibus!*.... autrement dit: Salameck en turc algérien, ou, si vous l'aimez mieux. bonjour la compagnie. (Reprenant sa valise et avançant.) Ne vous dérangez pas, je vous en supplie.

MONBRUN, à Adèle.

Oh! l'original!...

FRÉDÉRIC, allant à lui.

Eh! mais, je ne me trompe pas...

CASIMIR, apercevant Frédéric qui vient à lui.

Ah! bon! qu'est-ce que j'entrevois là?... monsieur Frédéric!

FRÉDÉRIC.

Moi-même, mon brave Casimir.

CASIMIR.

Comme ça se trouve! moi qui suis écrasé de recommandations et d'allocutions paternelles de votre oncle pour vous... mais, pardon que je me débarrasse. (Il tire de sa poche une lettre qu'il lui donne.) Ah! tenez, lisez toujours ça... (A madame Orthès.) Madame Orthès? sans vous commander.

MADAME ORTHÈS.

C'est moi, monsieur.

CASIMIR.

Ah! suffit... je ne m'y oppose pas... (à part.) la marraine de mon objet: attention et dissimulons!... cette chère Joséphine! (cherchant des yeux.) où est-elle donc?

MADAME ORTHÈS.

Monsieur est sans doute la personne dont le conducteur?...

CASIMIR.

Vous l'avez dit, femme respectable.

MADAME ORTHÈS.

Votre chambre sera prête dans un moment.

CASIMIR.

Bien, ça me va! (chantant.) « Asile héréditaire! » (Brusquement.) Sapristi, quelle chaleur!... (Il jette étourdiment son porte-manteau sur la table où est le linge.) Houp là!...

(Il va vers Frédéric qui est allé s'asseoir dans le fond où il lit la lettre.)

MADAME ORTHÈS, qui repasse.

Ah! mais, faites donc attention, monsieur...

CASIMIR, se retournant.

Qu'est-ce ce qu'il y a? J'ai cassé quelque chose?

MADAME ORTHÈS.

Eh non! mais votre porte-manteau est plein de poussière...

CASIMIR.

Oh! de la poussière!... ça ne me regarde pas... adressez-vous au gouvernement; le fait est que c'est une honte de ne pas faire mieux balayer les grandes routes. (Se regardant.) De quoi ai-je l'air, je vous le demande? (A Monbrun qui cause avec Adèle.) Je m'en rapporte au colonel.

MONBRUN.

Monsieur, je ne suis pas...

CASIMIR.

Dirait-on jamais que ma lévite est en lasting... tout ce qu'il y a de plus foncé? Diable m'emporte, si je ne ressemble pas à l'homme gris dans la pièce de ce nom, vous savez, colonel?

MONBRUN.

Monsieur, je vous ai déja dit que je ne suis pas militaire.

CASIMIR.

Ah! je ne m'y oppose pas... après tout erreur n'est pas compte, et vous avez là une paire de moustaches qui ne feraient déjà pas si mal à la tête d'un régiment.

MONBRUN, se caressant la moustache avec complaisance.

C'est possible.

CASIMIR.

C'est sûr. (à Frédéric qui lit toujours.) Hein! il en dit long, le cher oncle? ce n'est rien encore auprès de ce que j'ai à vous conter. (Il aperçoit le fichu que madame Orthès a laissé sur la chaise, le prend machinalement, et s'en sert pour enlever la poussière qui couvre ses habits.) Pfu.... en voilà! et allez donc?... pfu!... pfu!... qui est-ce qui en demande?... si on ne dirait pas que je tape sur un sac de plâtre.

MADAME ORTHÈS, se retournant.

Mais, monsieur! (Elle reconnait son fichu, pousse un cri, et court le lui arracher.) Ah! mon fichu... ah! çà, monsieur, allez-vous finir?

CASIMIR.

Je commence... mais ne vous fâchez pas... il n'en mourra pas..... votre fichu. D'ailleurs, je vous en donnerai un autre, dix autres, le fichu ne manque pas en France. Trois cents métiers à vapeur qui ne font que ça toute l'année, sans boire ni manger. (Se regardant.) Oh! oh! je ne peux pourtant pas rester comme ça.

(Il va pour prendre un rideau sur la table. Madame Orthès l'en empêche, il se sert de son foulard.

MONBRUN, toussant.

Hum! hum! pardieu, monsieur, vous devriez bien aller finir votre toilette dans la cour.

CASIMIR.

Dans la cour, en plein soleil? merci bien; je viens de m'en régaler. Deux lieues à pied au pas de course, vingt-huit degrés de chaleur, et cinq litres de poussière pour me rafraichir..... et puis j'irais dans la cour... (Monbrun tousse.) Prenez donc garde de vous enrhumer.

FRÉDÉRIC, qui a fini de lire sa lettre, regardant Casimir.

Casimir, Casimir! il y a des dames.

CASIMIR, s'arrêtant.

Des dames?... ah! bah! où ça?

MADAME ORTHÈS, piquée.

Comment, où ça? Il me semble, monsieur...

CASIMIR, à Frédéric qui vient de montrer Adèle.

Ah! c'est juste, l'officier m'empêchait de voir. (A Adèle.) Excusez, mademoiselle.

FRÉDÉRIC, à Casimir, pendant qu'il s'essuie doucement.

Mais aussi, pourquoi avez-vous quitté la diligence?

CASIMIR.

Oh ça!... c'est autre chose... vous savez la côte St-Julien, qu'on a surnommée la montagne de Tire-Jarret; nous étions descendus au bas pour nous dégourdir un peu les articulations; et puis, je n'étais pas fâché de dire un mot à ma chibouque.

MADAME ORTHÈS.

Chibouque?

CASIMIR.

Oui, chibouque. (montrant sa pipe.) autrement dit une pipe, en alcoran. Le Grand-Turc, quand il veut fumer, ne va pas s'amuser à dire: «Ma pipe..» il dit: (Avec beaucoup de gravité, en fermant les yeux et prenant l'accent anglais) «Donne-moi mon chiboq...» Je demandais donc du feu à toute la nature, quand j'aperçois un vieux troupier, un Austerlitz, une pyramide, trois chevrons, le petit chose rouge et tout... assis sur un tas de cailloux. — «Eh! jeune homme, qu'il me crie, en voulez-vous? — Comment donc, mon ancien, je ne m'y oppose pas.» J'allume (Imitant le bruit que font les fumeurs en allumant leur pipe.) Poutt!.. poutt! Nous causons; figurez-vous qu'il est parti de Rhodez, pour venir voir sa famille qui demeure ici aux environs. Voilà trois jours qu'il trotte comme ça, à pieds, à pattes. *Nota benè*, qu'il n'a qu'une jambe de solide... la droite... celle en bois.

(Pendant toute cette scène, il s'adresse le plus souvent à Monbrun, qui s'est assis auprès d'Adèle.)

ADÈLE.

Le malheureux!... venir de si loin!...

CASIMIR.

Quand j'ai vu ça... vous pensez bien... je me suis dit: Casimir, écoute un peu, si tu as le cœur de te faire traîner par six chevaux pendant que le Wagram s'éreintera, tu mériteras que la diligence verse et te rompe les os comme à un grandissime lâche que tu seras; là-dessus j'appelle le conducteur... nous hissons le Marengo à ma place, au premier au-dessus de l'entresol.

(Monbrun, à qui il a dit cela, hausse les épaules.)

MADAME ORTHÈS.

Bah! vraiment?

CASIMIR.

Un peu... si ça ne vous dérange pas trop... fouette, postillon.. la voiture roule; et comme il faut que les affaires de ma maison aillent leur train quand même, j'allonge le pas, et j'arpente si bien, que je ne suis arrivé que vingt minutes après les autres: deux lieues en cinquante-cinq minutes. (A Monbrun.) Dites donc, mon officier, en cinquante-cinq minutes; (Monbrun lui tourne le dos.) et fatigué, voyez voir... (il bat un entrechat.) l'année prochaine, je me présente aux courses du Champ-de-Mars.

FRÉDÉRIC.

Brave Casimir... je le reconnais là...

ADÈLE.

C'est d'un si bon cœur!...

MADAME ORTHÈS.

Tenez, ça nous raccommode.

CASIMIR, lui donnant la main.

Je ne m'y oppose pas...

MONBRUN, impatienté, à part.

Allons... le voilà un héros... (Haut.) Le fait est que pour un commis-voyageur, c'est superbe...

CASIMIR.

Plaît-il? superbe! voilà ce qui vous trompe.. c'est qu'il n'y a pas un de mes confrères qui n'en eût fait dix fois plus.

AIR : Restez, restez, troupe jolie.

On cite leurs défauts, sans doute,
Mais on peut citer leurs bienfaits.
Oui, comme ils sont toujours en route,
L'égoïsme en vain court après ;
Il ne les atteindra jamais.
Toujours pour un service à rendre
On les voit prêts à s'exposer ;
Et quand ils sont bien las de vendre,
Ils donnent pour se reposer.

FRÉDÉRIC.

Oui, c'est ce que mon oncle m'a souvent dit de vous, car il vous estime...

CASIMIR.

Eh bien! si vous faites comme lui, monsieur Frédéric, prouvez-le moi en me promettant de suivre mon conseil cette fois-ci... car, vrai... vous avez tort... le pauvre vieux, vos refus l'affectent.

FRÉDÉRIC, voulant le faire taire.

Mon cher Casimir...

CASIMIR.

Oh! vous, pardi!... je conçois votre affaire.. vous vous dites : Je suis jeune, j'ai quelques rentes; j'aime bien mieux circuler, jouir de l'existence, que d'aller m'enterrer dans une maison de commerce... Mais puisque c'est son bonheur, à ce cher homme ; écoutez donc... il ne faut pas penser qu'à soi, non plus ; on peut bien faire quelque chose pour les siens... surtout quand les siens sont millionnaires... (A Monbrun.) N'est-ce pas, mon officier?

MONBRUN, avec mauvaise humeur.

Encore?... ah çà mais...

(Il veut se lever.)

ADÈLE, cherchant à calmer Monbrun.

Oh! pure étourderie...

CASIMIR, sans y faire attention.

Jugez plutôt... monsieur, que voici, (montrant Frédéric.) a un parent qui jouit d'un âge très avancé et d'un magasin, tout ce qu'il y a de mieux rue de la Paix...des glaces qui n'en finissent plus... éclairé au gaz...avec des choses en bronze, et d'autres choses en or.... c'est éblouissant! on ne peut regarder ça que les yeux fermés..... de plus, des tas de billets de banque à tapisser la grande muraille de la Chine... sept cents lieues d'espalier à vol d'oiseau.

MADAME ORTHÈS.

Mais c'est donc un Crésus...

CASIMIR.

Ah bien oui!... feu Crésus... n'était qu'un nécessiteux auprès. Eh bien! ce parent lui écrit : « Viens, je t'ouvre mes bras, mon magasin et mon portefeuille, et je t'ai trouvé une femme premier choix. » (Monbrun impatienté se lève et va reporter sa chaise au fond. — Mouvement de Frédéric. — Adèle paraît très agitée.) Oh! écoutez donc, je l'ai vue, une brune magnifique ; (à Adèle.) des cheveux... des bandeaux d'ébène...

MADAME ORTHÈS.

Comment, monsieur Frédéric, vous refusez...

FRÉDÉRIC.

Casimir...

CASIMIR, l'interrompant.

Non... quand je pense que si vous alliez vous mettre au courant des affaires, dans un an votre oncle se retire, il vous laisse tout... C'est-à-dire que je voudrais en avoir une vingtaine comme ça des oncles, pour leur répondre : « Ça vous fait plaisir ; je ne m'y oppose pas. J'accepte les vingt magasins, les vingt millions et les vingt femmes... » (S'arrêtant et regardant Adèle.) C'est-à-dire.... non. (A Frédéric.) Allons, allons, monsieur Frédéric, c'est convenu, pas vrai? vous acceptez aussi? vous allez partir?

FRÉDÉRIC.

Non, mon cher Casimir, impossible... (regardant Adèle qui se lève.) en ce moment moins que jamais...

CASIMIR.

Au contraire...

FRÉDÉRIC.

Assez... n'insistez pas...

CASIMIR.

Si fait... quand vous n'iriez passer que quelque temps avec lui... je vous en prie, j'ai mes raisons.

FRÉDÉRIC.

Lesquelles?...

CASIMIR.

Je voudrais bien vous les dire... mais je ne peux pas, j'ai promis... enfin, allez-y toujours... on ne sait pas ce qui peut arriver... votre oncle pourrait perdre patience... il est vif, quand il s'y met. (A part.) J'ai déja eu assez de peine...

FRÉDÉRIC.

Eh bien!... plus tard...

CASIMIR.

Allons... je vois qu'on ne l'a pas trompé... il y a quelqu'un qui vous retient ici. Eh bien! vous avez tort; je suis sûr qu'elle n'est pas si jolie que l'autre. (A Adèle) Je parierais...

FRÉDÉRIC, à demi-voix.

Chut!

CASIMIR, sans l'écouter.

Je la vois d'ici, une grande provinciale, dégingandée, qui marche comme ça quand elle va à la messe... (Il marche sur la pointe des pieds avec affectation, en retroussant les pans de sa redingote.) Ah! c'est gauche!...

FRÉDÉRIC, avec impatience.

Mais paix donc!

CASIMIR.

De quoi? (Voyant Frédéric regarder Adèle.) Ah! oui... pardon, mademoiselle; je ne dis pas ça pour vous...(à madame Orthès.) pour vous non plus, madame Orthès... on peut être de la province et avoir de la grace... C'est égal, je parie qu'elle ressemble à ce portrait-là... (à Monbrun.) je m'en rapporte à l'officier, s'il la connaît.

MONBRUN, qui est passé de l'autre côté d'Adèle *.

Moi?... nullement. (A part.) En voilà un moulin à paroles !

CASIMIR.

Attendez donc... je crois me rappeler que l'oncle m'a dit : « Une demoiselle qui n'est pas de Montpellier... »

MONBRUN.

Hein? vous dites?...

(Il cherche.)

ADÈLE, à part, se levant.

Ciel!...

MADAME ORTHÈS.

Ah! tiens!...

FRÉDÉRIC, à Casimir, avec colère.

Finirez vous?

CASIMIR, riant.

Ah! voyez-vous, jai mis le doigt dessus... attendez donc... elle s'appelle... (Adèle qui s'est approchée de lui, le touche à l'épaule, et lui fait signe de se taire, sans être vue de personne.) Ah!... (Il regarde Frédéric.) Ah! suffit... je ne m'y oppose pas; fallait donc le dire.

MONBRUN.

Eh bien ?... ce nom ?...

MADAME ORTHÈS.

Voyons. . je dois la connaître...

CASIMIR.

Je ne me rappelle pas au juste... Clé... Clé... Clémence...

MONBRUN, l'observant.

Ah!

CASIMIR.

Oui... ça commence en Clé... ça termine en ence... à moins pourtant que ce ne soit Cléopâtre... une Anglaise... où une créole de Porto-Rico... quelque chose comme ça... (A part.) Cherche à présent, mon officier ! (Bas à Frédéric.) J'avais tort, il n'y a rien à dire... (faisant claquer la langue.) parfait... eh bien, ça pourra s'arranger... l'oncle m'a dit que si vous y tenez trop, il cédera de ce côté-là, pourvu que vous reveniez à Paris.

SCÈNE IX.

LES MÊMES, JOSÉPHINE.

JOSÉPHINE, en dehors.

Ça suffit... on va vous envoyer ça tout de suite.

CASIMIR, se retournant.

Hein?

JOSÉPHINE, entrant vivement, deux cartons à la main.

Tenez, mademoiselle, voici... (Elle aperçoit Casimir qui allait à elle et pousse un cri en laissant tomber les cartons.) Ah !

* Monbrun, Adèle, Casimir, Frédéric, madame Orthès.

MADAME ORTHÈS, se retournant.

Eh bien!... qu'est-ce que c'est, maladroite?

JOSÉPHINE.

Rien, rien... je...

CASIMIR, qui a couru relever les cartons.

C'est le carton... (Bas à Joséphine.) Prends donc garde, ne rougis pas comme ça! (haut.) en tombant ça vous aura donné un coup... les chevilles... c'est si sensible!

JOSÉPHINE.

Oui... (A Adèle qui examine les cartons pendant ce qui suit.) Il n'y a rien d'abîmé, n'est-ce pas?

MADAME ORTHÈS.

Pourquoi tant te presser aussi?

JOSÉPHINE, troublée.

C'est que... c'est qu'il vient d'arriver une berline... qui demande des chambres...

MADAME ORTHÈS.

Là... c'est comme un fait exprès.

CASIMIR, à part.

Si je pouvais!... (Il va au fond et feint de parler à quelqu'un du dehors.) Plaît-il, monsieur? madame Orthès?... elle va y aller... (L'appelant.) Madame Orthès, on vous réclame... le monsieur de la berline...

MADAME ORTHÈS, finissant de plier ce qu'elle tient.

J'y vais... j'y vais... (A Joséphine qui regarde Casimir.) Eh bien! qu'est-ce que tu fais là?... et la chambre de monsieur?...

JOSÉPHINE.

Elle est prête.

MADAME ORTHÈS, à Casimir.

Elle va vous indiquer...

(Elle sort.)

CASIMIR.

C'est ça... allez à vos affaires, ne vous occupez pas de moi.

ADÈLE, à Monbrun qui veut prendre les cartons.

Merci, monsieur... c'est inutile, je n'ai que le jardin à traverser...

MONBRUN.

Ah!.. mademoiselle, je ne souffrirai pas...

ADÈLE.

Non, monsieur, non, je vous en prie...

MONBRUN.

Impossible...

FRÉDÉRIC, quittant Casimir qui lui parle.

Mais, monsieur, il me semble que puisque mademoiselle...

MONBRUN, avec hauteur à Frédéric.

Plaît-il?... vous dites, monsieur!

ADÈLE, prenant vivement le bras de Monbrun et cherchant à l'emmener.

Venez-vous, monsieur Monbrun?

MONBRUN, résistant.

Mille pardons, mademoiselle... mais...

CASIMIR, à Frédéric.

Mais écoutez-moi donc!...

ADÈLE, entraînant Monbrun.

Venez donc...

MONBRUN, en regardant Frédéric avec dédain.

Par exemple!... Pfou!...

(Monbrun et Adèle sortent par le fond à droite.)

FRÉDÉRIC, les voyant s'éloigner ensemble, à lui-même avec colère.

Ah! lui!... toujours lui!... (A Casimir.) vous aviez raison, il faut partir, rejoindre mon oncle.

CASIMIR.

C'est ça... et dans deux ou trois jours...

FRÉDÉRIC, avec résolution.

Dans deux heures!... (Il lui donne la main.) Sans adieu!... à bientôt!...

(Il sort.)

SCÈNE X.

CASIMIR, JOSÉPHINE.

CASIMIR, regardant partir Frédéric.

Tiens, tiens, tiens... au fait, ce n'est pas mon affaire. (Regardant autour de lui pour s'assurer s'ils sont tous partis.) La mienne, à moi, (se tournant vers Joséphine.) la voilà! (Il va à elle et l'embrasse avec effusion.) Pauvre Fifine, va!... y a-t-il long-temps! (il l'embrasse de nouveau.) encore... ah!.. ça fait du bien!...

JOSÉPHINE.

Ce cher Casimir...

CASIMIR.

Maintenant, causons un peu... c'est-à-dire, laisse-moi te regarder avant. (Il recule d'un pas et l'examine.) Bien! conforme à l'échantillon..... rien de changé... au physique... et si le cœur...

JOSÉPHINE, lui prenant la main, et la posant sur son cœur.

Tiens!...

CASIMIR, après un court silence.

Trois-cents battements à la minute.. bravo! ma Fifine, je te retrouve telle que je t'avais laissée... j'en étais bien sûr... la *meilleure*, la *plus digne* fille... et sage donc... trop sage...

JOSÉPHINE.

On ne l'est jamais trop.

CASIMIR.

Oui, au fait, parceque, comme on dit: ce qui est différé..... et puisque tu dois être madame Casimir...

JOSÉPHINE, soupirant.

Hélas!...

CASIMIR.

Comment hélas! Joséphine, est-ce qu'il y aurait du nouveau?... est-ce que tu voudrais manquer à tes promesses?

JOSÉPHINE.

Oh! pour ça non, jamais!

CASIMIR.

A la bonne heure, parceque, vois-tu?... rien que ton hélas!... j'ai cru... j'ai senti là... c'est bête... dans mon état on ne devrait pas être sentimental... on n'a pas le temps... eh bien, malgré ça, depuis notre séparation, il y avait des moments... et le jour où je serais menacé de te perdre...non je ne sais pas de quoi je serais capable... oh! mais non!... non!... tu m'aimeras toujours, n'est-ce pas?... et tu seras bientôt ma femme?

JOSÉPHINE, à part.

Pauvre garçon, comment lui apprendre?... (Haut) Ah! çà... parle moi donc de tes affaires... es-tu content? ça va-t-il un peu?

CASIMIR.

Heu! heu! tout doucettement, on ne gagne pas à rouler tilbury... ni à acheter des villa... Mais la maison est parfaite pour moi... j'ai cinq pour cent sur mes commissions, et comme je dois pousser jusqu'à Bordeaux, j'espère qu'il y aura quelque bon coup de filet.

JOSÉPHINE.

Ah! tant mieux, Dieu le veuille!

CASIMIR.

Je ne m'y oppose pas.

JOSÉPHINE.

Mais, d'où tu viens, à Figeac?

CASIMIR.

A Figeac? ne m'en parle donc pas, je t'en prie... de ton Figeac! je ne sais vraiment pas comment on ose mettre des endroits pareils sur les cartes de géographie... Ah! Dieu!... figure-toi que j'y suis resté trois jours; j'ai visité tous les habitants... j'ai prôné, vanté, exalté toutes mes qualités... mes qualités de vins... j'ai fait mousser mon champagne... enfin, j'ai parlé d'abondance, vrai, à leur en faire venir l'eau à la bouche; je ne sais pas où j'allais pêcher tout ce que je disais... on n'avait rien entendu de pareil depuis l'invention du commis-voyageur... eh bien! total, bénéfice net, devine ce que mon éloquence m'a rapporté à Figeac?

JOSÉPHINE.

Quoi donc?

CASIMIR.

Une extinction de voix!... oh! mais... conditionnée!... hier soir, voilà comme je parlais. (Il remue les lèvres et parle à la muette.) Tu m'aurais entendu, que tu m'aurais dit: « Je ne t'entends pas!...» Faites donc du commerce avec ça! du reste pas une commande... pas la moindre... Voilà où j'en suis pour le quart-d'heure... ce n'est pas gai, financièrement parlant; mais sois tranquille... avec le temps...

JOSÉPHINE, à elle-même avec chagrin.

Le temps!... et M. Caboulet qui va revenir!

CASIMIR.

Caboulet! qu'est-ce que c'est que ça?...

JOSÉPHINE.

L'ancien propriétaire de cette auberge; c'est à lui que feu M. Orthès l'avait achetée... mais depuis la mort de mon parrain les affaires vont si mal, et sa veuve a déja tant fait de sacrifices pour s'acquitter... enfin on redoit encore près de cinq mille francs à M. Caboulet, qui persécute ma marraine et la menace de l'exproprier, si...

(Elle s'arrête avec embarras.)

CASIMIR.

Si quoi?

JOSÉPHINE, s'excusant.

Dam!... ce n'est pas ma faute, il vient ici... il m'a vue... et comme il est veuf...

CASIMIR.

Je devine... il offre quittance moyennant que tu l'épouses.

JOSÉPHINE.

Oh! j'ai refusé, tu penses bien!...

CASIMIR.

Tiens, je crois bien... un Caboulet!

JOSÉPHINE.

Et alors les sermons de ma marraine, ses reproches...

AIR du vaudeville du Premier Prix.

Je suis une pauvre orpheline
Qui n'a d'autre appui qu'elle.

CASIMIR.

Et moi!

JOSÉPHINE.

Je fais, en causant sa ruine,
Un' trahison.

CASIMIR.

Tu gard's ta foi!

JOSÉPHINE.

Enfin, sans cesse ell' me répète
Que j' n'ai pas d' cœur...

CASIMIR.

Eh bien, tant mieux!
N'avoir pas d' cœur, qu'est-c' qu' ça t'inquiète,
Puisqu'auprès d' toi j'en ai pour deux!

Ah! son Caboulet! il ne lui faut que des femmes de ce modèle-là... charmé de savoir son goût... on lui en donnera... je vais aller en commander.

JOSÉPHINE.

Mais que faire pour les cinq mille francs?

CASIMIR.

On s'en moque pas mal de ses cinq mille francs... on les paiera donc.

JOSÉPHINE.

Comment?

CASIMIR.

Comment?... eh! parbleu, comment.... est-ce que je le sais... mais puisque j'ai cinq pour cent... Voyons, voyons, quand revient-il, ton cauchemar de Caboulet?

JOSÉPHINE.

Dam! bientôt... dans une quinzaine peut-être.

CASIMIR.

Une quinzaine... laisse-moi faire... je vais demander des lettres de recommandation à M. Frédéric, qui me doit bien ça, pour la fortune que je viens de lui sauver.

JOSÉPHINE.

Toi?...

CASIMIR.

Et certainement... son oncle parlait de le déshériter; mais j'ai tant prié, tant supplié... j'ai fléchi l'oncle... une bonne action... ça doit me porter bonheur... Ah! nous avons devant nous quinze jours! deux semaines!... la moitié d'un mois!... et j'ai encore Montpellier, Bordeaux, Marseille... nous sommes sauvés... vexé le Caboulet... (Riant.) Ah! ah! ah! mais ris donc! mais ris donc, Fifine!..

SCÈNE XI.

LES MÊMES, Mme ORTHÈS.

MADAME ORTHÈS, en dehors.

Joséphine!

JOSÉPHINE, repoussant Casimir.

Finis donc, c'est ma marraine!...

CASIMIR, qui a pris vite un rideau sur la table, lui en jette un bout, garde l'autre, et feint de l'aider à le plier, en chantant sur l'air: *J'avais une marraine*, du MARIAGE DE FIGARO.

« Que mon cœur, mon cœur a de peine! »

MADAME ORTHÈS, entrant, une lettre ouverte à la main.

Eh bien! comment!... qu'est-ce que ça signifie?...

CASIMIR.

Vous voyez... nous étions à... nous sommes.. (A Joséphine, en tirant le rideau.) Tirez... tirez donc ferme. (Le rideau se déchire.) Allons, bon! quelle camelotte!

MADAME ORTHÈS.

Ah! çà, monsieur, vous avez donc juré de tout détruire ici!...

CASIMIR.

Au contraire, puisque c'était pour arranger.

MADAME ORTHÈS, lui prenant le rideau.

On ne vous en prie pas... (montrant l'accroc.) arranger comme ça! (Jetant le rideau sur la table, à Joséphine.) Mais il s'agit bien d'autre chose, ma pauvre Joséphine... tu ne sais pas... une lettre qu'on vient de m'apporter de la part de M. Caboulet.

CASIMIR, qui a pris un fer et qui repasse machinalement.

Hein?

MADAME ORTHÈS.

Il est de retour.

(Mouvement de Joséphine.)

CASIMIR.

Bah!...

MADAME ORTHÈS.

Plait-il? vous le connaissez?...

CASIMIR, avec indignation, en laissant le fer qui reste sur le linge.

Le Caboulet? allons donc... jamais!..

MADAME ORTHÈS.

C'est que vous avez l'air...

CASIMIR.

J'ai l'air... je ne crois pas... je dis seulement... parceque vous dites: «Il est de retour...» alors je dis: «Bah!» c'est un mot qui se dit.

(Il retourne à la table, prend le fer et s'aperçoit qu'il a roussi le linge.)

MADAME ORTHÈS, levant les épaules.

Bavard!...

JOSÉPHINE, interrompant Casimir, à madame Orthès.

Et que vous écrit-il?

MADAME ORTHÈS.

D'avoir à me trouver aujourd'hui-même, à midi, chez le notaire, avec son argent ou avec toi, pour le contrat.

JOSÉPHINE, se trouvant mal.

Ciel!... ma marraine...

MADAME ORTHÈS, la soutenant.

Eh bien!... elle se trouve mal...

(Elle la fait asseoir.)

CASIMIR, la repoussant et prenant la main de Joséphine.

Permettez... laissez-moi faire... (Il lui frappe dans la main.) Joséphine... José...

MADAME ORTHÈS, étonnée.

Monsieur...

CASIMIR, se reprenant.

Ah!... c'est juste; pardon!... mademoiselle Joséphine!... ne craignez rien... elle est fort sujette à... si vous pouviez seulement lui donner un peu...

MADAME ORTHÈS.

D'eau de Cologne?...

CASIMIR, très vivement.

Jamais!... gardez-vous-en bien... vous la feriez sauter au plafond... elle est si nerveuse...

MADAME ORTHÈS.

Comment, elle est?...

CASIMIR, se reprenant.

Oui... du moins en apparence, dans ces crises-là, c'est de l'air, beaucoup d'air que je lui donnerais... ouvrez...

MADAME ORTHÈS, courant à une porte.

Oui... oui...

CASIMIR, passant derrière Joséphine.

Pendant que je vais la desserrer.

MADAME ORTHÈS, revenant.

Du tout... je vous le défends, monsieur... par exemple!... retirez-vous...

CASIMIR.

Mais, ouvrez donc quelque chose... pour l'amour de Dieu... tenez... tenez... voilà qu'elle revient... c'est fini... (Bas à Joséphine.) Allons, remets-toi... n'aie pas peur, est-ce que je ne suis pas là?...

MADAME ORTHÈS, revenant à Joséphine.

Eh bien?...

JOSÉPHINE, se levant.

Merci, ma marraine, je me sens mieux...

MADAME ORTHÈS.

Ah! Joséphine... tout ça.... tout ça.... je finirai par croire que vous aviez à Paris une intrigue, une passion de roman.

JOSÉPHINE.

Moi... mais...

MADAME ORTHÈS.

Oui, oui... d'abord, la dame du magasin où vous étiez en apprentissage me l'a écrit.

CASIMIR, à part.

Cette vieille marchande de trousseaux!

MADAME ORTHÈS.

Sans doute quelque beau parleur, à la langue affilée... quelque vaurien, un mauvais sujet comme on en voit tant, qui t'aura dit qu'il t'aimait, et qui en disait autant à bien d'autres.

CASIMIR.

Oh! quant à ça, non!...

MADAME ORTHÈS.

Plaît-il, monsieur?...

CASIMIR.

Je dis que vous avancez là des choses un peu...

MADAME ORTHÈS.

Monsieur, cela ne vous regarde pas... veuillez nous laisser, nous parlons d'affaires de famille...

CASIMIR.

Je ne m'y oppose pas... mais... vaurien... mauvais sujet... c'est bientôt dit... quand on ne connaît pas...

MADAME ORTHÈS.

C'est possible, monsieur... mais encore une fois... tout ceci...

CASIMIR.

Je sais bien... mais la justice... je parle pour la justice... je suis là, j'entends qu'on calomnie les idées d'un jeune homme et alors...

MADAME ORTHÈS.

Alors... alors... laissez-nous tranquilles.

CASIMIR.

Convenu... mais il ne faut pas diffamer... ne diffamons pas.

(Il va à la table et prend le rideau qu'il examine.)

MADAME ORTHÈS, à Joséphine.

Songes-y; refuser ce mariage c'est perdre notre dernière ressource... et encore, moi... ça ne serait rien... mais toi, ma pauvre enfant, à ton âge!... tu t'exposerais!... et ça pour un trompeur qui ne voulait que te séduire.

CASIMIR, vivement, sans quitter le rideau, qu'il chiffonne et tortille autour de son bras, pendant le reste de la scène.

Séduire! fi donc! par exemple...

MADAME ORTHÈS.

Encore! ah! çà, monsieur...

CASIMIR.

Ah! çà, tant que vous voudrez; mais il suffit

de voir mademoiselle pour être sûr qu'elle ne peut inspirer que des vues honnêtes...

MADAME ORTHÈS.

Ta! ta! ta! ta!

CASIMIR.

Ta! ta! ta! c'est encore une raison si l'on veut ça... mais... vous parlez de séducteur... en connaissez-vous?... en avez-vous jamais rencontré...?

MADAME ORTHÈS.

Moi?...

CASIMIR.

Oui... avez-vous jamais été?...

MADAME ORTHÈS, avec indignation.

Monsieur!...

CASIMIR.

Eh bien, alors...

MADAME ORTHÈS.

Eh bien, monsieur, je vous répète que ce sont des affaires de famille, et...

CASIMIR.

Et aussi je ne m'en mêle pas... est-ce que je m'en mêle!... vous ferez ce que vous voudrez... Un autre vous dirait que vous ne devez pas faire le malheur de deux jeunes gens sans leur donner le temps de se reconnaître, qu'en allant trouver M. Caboulet vous obtiendriez peut-être de lui un délai, quelques jours, (avec intention, en regardant Joséphine.) une quinzaine... qui suffirait à l'amoureux, pour se retourner, faire feu des quatre pieds... parcequ'avec quinze jours... quand on a devant soi...

MADAME ORTHÈS, se croisant les bras.

Avez-vous fini?...

CASIMIR.

Certainement j'ai fini... il y a long-temps... (Faisant des signes à Joséphine.) Au surplus votre filleule vous dira tout ça aussi bien que moi...

JOSÉPHINE.

En effet, ma marraine... ma bonne petite marraine... un délai!... si vous pouviez...

MADAME ORTHÈS.

Tu y tiens... allons, soit... j'essaierai encore.. je m'en vais chez M. Caboulet... mais, en revanche, si je ne réussis pas, tu me promets de consentir...

CASIMIR.

Oh! vous réussirez.. pour réussir, vous réussirez.

MADAME ORTHÈS, haussant les épaules.

En attendant, habille-toi toujours; tiens-toi prête... allons... allons... il le faut... vite va t'habiller.

CASIMIR, avec intention, en prenant son manteau.

Et moi aussi je casse une croûte, et je cours toute la ville.

(Il fait des signes à Joséphine.)

MADAME ORTHÈS, à part.

Bon voyage.

CASIMIR.

Ma chambre?

MADAME ORTHÈS, lui montrant le vestibule.

L'escalier à gauche, n° 19.

CASIMIR.

Merci.

ENSEMBLE.

AIR : Au revoir, puis à table (CHANGÉE EN NOURRICE).

MADAME ORTHÈS.

Ma chère, à ta toilette,
Vite, allons!
Pour mon retour sois prête:
Dépêchons.

JOSÉPHINE.

Que je suis inquiète!
Mais allons,
Vous serez satisfaite.
Ah! partons.

CASIMIR.

Pendant qu'elle s'apprête,
Vite, allons
Faire aussi ma toilette;
Dépêchons.

CASIMIR, bas à Joséphine.

Va; mais sois tranquille,
D' réussir je suis certain;
Oui, toute la ville
Bientôt boira de mon vin.

REPRISE DE L'ENSEMBLE.

(Joséphine sort par la gauche, Casimir par le fond.)

SCÈNE XII.

Mme ORTHÈS, puis MONBRUN.

MADAME ORTHÈS, serrant le linge dans le cabinet à droite.

Elle m'inquiète avec son inclination... si le bruit en venait aux oreilles de M. Caboulet, Dieu sait ce qu'il ferait pour se venger...

MONBRUN, qui entre par le fond, venant de la droite, en riant.

Ah! ah! (A la cantonade.) Oui, monsieur Berthelin... oui... c'est entendu.

MADAME ORTHÈS.

L'oncle de mademoiselle Adèle?... encore une lubie.

MONBRUN.

Et fameuse : ne veut-il pas absolument que je lui vende ma pipe; il m'en donne deux cents francs, j'en veux mille... Ah! ah! voilà une heure qu'il me tient là... Mais dites donc, maman Orthès, est-ce qu'on ne déjeûne pas aujourd'hui?

MADAME ORTHÈS.

Tout-à-l'heure.

MONBRUN.

Vous ferez mettre trois couverts de plus, le commandant Delpèche et deux autres, à qui j'ai gagné ce matin le déjeûner, et nous devons jouer ensuite au billard le café et le punch!.. Ah! çà... il paraît que nous aurons de la compagnie à table... tant mieux... monsieur Casimir en sera-t-il?

MADAME ORTHÈS.

Dam... je suppose.

MONBRUN.

Ah! ah!... bravo... on s'amusera.

MADAME ORTHÈS.

Ah! monsieur Monbrun, je vous en prie... non... vrai... vos plaisanteries, vos mystifications... vous savez... il en résulte toujours des querelles...

MONBRUN.

Je m'en soucie bien!

MADAME ORTHÈS.

Mais je m'en soucie, moi, parceque ça finira par donner une mauvaise réputation à mon auberge.

MONBRUN.

Pour quelques duels que j'ai eus malgré moi...

AIR : Un homme pour faire un tableau.

Certes, je suis un bon enfant;
Mais si les sots que je plaisante
Viennent demander hautement
Satisfaction éclatante,
Alors c'est leur faute, pourquoi
Ont-ils un mauvais caractère?
Lorsque j'en tue un malgré moi...

MADAME ORTHÈS, avec ironie.

Ce n'est que pour le satisfaire.

MONBRUN.

Du reste, quand c'est un étranger, je ne me bats jamais sans l'avertir que je suis de première force à toutes les armes.

MADAME ORTHÈS.

Oh! on sait que pour la loyauté et l'honneur, vous êtes sans reproches... Mais...

MONBRUN.

Mais... tenez, si j'étais... ce que vous dites, il me semble que ce matin j'aurais eu beau jeu pour prendre la mouche avec votre commis-voyageur.

MADAME ORTHÈS.

Oui, mais comme il y avait là mademoiselle Adèle...

MONBRUN.

Je l'ai laissé dire, c'est vrai, quitte à prendre ma revanche plus tard.

MADAME ORTHÈS.

Et comment?

MONBRUN.

Est-ce que je sais? Oh! n'ayez pas peur... rien de sérieux... croyez-vous que je voudrais avoir une affaire avec un étourneau comme celui-là! allons donc!... (riant.) ça ne vaut pas un coup de pistolet chargé à poudre.

SCÈNE XIII.

LES MÊMES; BERTHELIN, qui est entré sur les derniers mots.

BERTHELIN.

De la poudre? vous en avez à vendre?... je l'achète... combien le kilo?

MONBRUN, en riant.

Trois mille francs.

BERTHELIN, écrivant.

C'est dit.

MONBRUN, riant.

Ah! ah! le voilà content... Les médecins ont beau dire : s'ils guérissent jamais la folie de celui-là...

BERTHELIN.

J'ai du bonheur aujourd'hui... j'ai déja fait une excellente affaire... un chapeau superbe... et une robe... pour six francs... (A madame Orthès.) Voulez-vous me l'acheter? combien?

MADAME ORTHÈS, qui a mis son fichu et ses gants.

Moi... ah! ah! nous causerons de ça plus plus tard. Il faut que je sorte.

(Elle sort.)

MONBRUN, la suivant jusqu'à la porte.

N'oubliez pas le déjeûner.

BERTHELIN.

Le déjeûner... à combien, avec la table et la maison? (A la cantonade.) Je vous en donne soixante-quatorze mille francs comptant.

SCÈNE XIV.

MONBRUN, BERTHELIN; CASIMIR, en toilette, redingote de velours noir, très élégante; gilet blanc avec une grande chaine d'or; chapeau gris.

CASIMIR, qui entre par la gauche en mettant ses gants.

Hein! (Il regarde Berthelin.)

BERTHELIN, à Monbrun.

C'est ce que j'ai payé l'autre avant-hier. (Il va s'asseoir près la table, met ses papiers sur ses genoux, écrit et calcule.) Et vous, monsieur, vous abandonnez donc le commerce?

MONBRUN, riant.

Ma foi, oui, ma foi, oui.

BERTHELIN.

Vous avez tort... Voyons, j'ai encore deux cent-quatorze mille francs dont je ne sais que faire.

CASIMIR, à part.

Deux cent quatorze mille francs!... parlez-moi de ça... s'ils sont beaucoup de capitalistes comme celui-là dans la ville.

BERTHELIN, calculant et chiffrant toujours.

Tenez... ça va même à deux cent-soixante-quatorze... deux cent soixante-quatorze mille francs.

MONBRUN, entrant avec complaisance dans les idées du fou.

Oui... oui... je vois bien...

CASIMIR, à part.

Diable!... si j'osais... Au fait, pourquoi pas? autant commencer par lui... (Toussant.) Hum!... (A Monbrun.) Pst!... dites-moi, mon officier...

MONBRUN.

Ah! c'est vous, voyageur! Tubleu! comme vous voilà pimpant! nous allons faire l'article, pas vrai?... s'il ne faut que de l'aplomb et des phrases...

CASIMIR.

Chut!... dites donc... (lui montrant Berthelin.) pas de bêtises devant la pratique... vous connaissez...

MONBRUN.

Qui?.. ce...

CASIMIR.

Un négociant, n'est-ce pas?

MONBRUN.

Lui?... mais oui... il a... (Frappé.) Oh!... est-ce que vous voudriez?..

CASIMIR.

Dame, si vous me conseillez...

MONBRUN.

Comment donc... certainement. (A part.) Ah! parbleu, mon gaillard... il ne pouvait pas mieux arriver... ce brave monsieur Berthelin sera enchanté, je vais faire deux heureux... (Haut.) Voulez-vous que je vous présente?

CASIMIR.

Ah! je n'osais pas vous le demander, mon officier... (mouvement de Monbrun.) mais vous me rendriez un service... (Le retenant.) Dites donc... il paraît qu'il en a de ces scélérats d'écus?

MONBRUN.

Je le crois bien! le plus riche négociant de la place... un homme qui ne connaît pas sa fortune.

CASIMIR.

Ah! bah!...

MONBRUN.

Personne ne la connaît! venez...

CASIMIR, le suivant et à part.

Il paraît très obligeant, l'officier.

MONBRUN, à Berthelin, qui écrit.

Monsieur Berthelin?

BERTHELIN.

Qu'est-ce qu'il y a?

MONBRUN.

Mon cher monsieur... c'est... c'est un de mes amis, (Casimir lui donne la main.) un voyageur de la maison...

CASIMIR, saluant.

Coquelet et compagnie.

BERTHELIN, cherchant.

Coquelet, attendez donc... Coquelet... ah! oui!.. les vins du Rhin, de Champagne, le kirsch de la Forêt-Noire... bonne maison... vieille maison... solide maison... (Se levant.) Monsieur... vous me voyez ravi...

CASIMIR, s'inclinant.

Monsieur... c'est moi... qui... ne saurais trop me... féliciter... d'entrer en relations avec un négociant dont le nom si connu... (A Monbrun.) Comment s'appelle-t-il?

MONBRUN, bas.

Berthelin, la maison Berthelin.

CASIMIR, de même.

Ah! oui... il me semble...

BERTHELIN.

Quoi, monsieur, mon nom?...

CASIMIR, se récriant, avec emphase.

Comment, monsieur? le nom Berthelin! la signature Berthelin!... mais je donnerais... tout ce que je possède sur le seul vu de votre simple majuscule.

BERTHELIN, saluant.

Votre confiance m'honore.

CASIMIR.

Elle est bien due au commerçant habile, au millionnaire célèbre, qui... dont... hum!... (On entend le son d'une cloche au dehors.) Diable de cloche!...

MONBRUN, passant entre eux.

Eh bien! messieurs, vous me semblez parfaitement d'accord... veuillez m'excuser... mais voici la cloche du déjeûner... je vous laisse. (Bas à Casimir.) Si vous m'en croyez, vous l'inviterez... un joli déjeûner ici, en tête-à-tête... le bonhomme aime ça... une pointe de vin le rend bien plus traitable en affaires.

CASIMIR, bas.

Bien, bien, fameux! je vais commander...

MONBRUN, de même.

Laissez donc... je m'en charge en passant.

CASIMIR, de même.

Vous auriez la complaisance...

MONBRUN, de même.

Pour un bon enfant comme vous... car vous m'avez l'air d'un bon enfant.

CASIMIR, de même.

Vous aussi.

MONBRUN, de même.

Je vous envoie ça... soyez tranquille... (Fausse sortie.) Ah! j'oubliais... je vous préviens qu'il est quelquefois d'une distraction... il y a des moments où il confond, où il embrouille...

CASIMIR, de même.

Je conçois ça, je conçois... un homme qui a tant d'affaires. Moi-même... quand j'ai été dans cinq ou six maisons sans mon carnet.....

MONBRUN.

Voilà... mais, si vous savez le prendre... je ne vous dis que ça...

CASIMIR.

En vous remerciant.

MONBRUN.

Il n'y a pas de quoi. Parbleu! sans mes amis

qui m'attendent, j'aurais voulu jouir... mais j'aurai l'œil au guet. (A Casimir.) Bonne chance.

CASIMIR, lui donnant la main.

Merci, mon officier.

MONBRUN, à part.

Oui.. oui, des officiers, des colonels, à présent donne-m'en tant que tu voudras; je viens de te les payer tous.

(Il sort par le fond.)

CASIMIR, le suivant.

Au revoir, mon officier.

SCÈNE XV.

CASIMIR, BERTHELIN.

CASIMIR, à lui-même.

Ah! çà, maintenant, Casimir, mon garçon, il s'agit de te distinguer... voici peut-être l'occasion de te tirer d'affaires... toi et cette pauvre Joséphine... (Regardant Berthelin.) Deux cent mille francs en caisse dont il ne sait que faire... dont il ne sait que faire!... voilà pourtant comme chacun a ses embarras.. Il ne tiendrait qu'à lui... ça ne sera peut-être pas de ces plus faciles avec lui... un vieux retors, qui possède toutes les rubriques du métier... (Le regardant.) Rien qu'à le voir, on devine tout de suite l'homme qui a passé sa vie dans les grandes spéculations... regardez-le calculer... (Berthelin fait des chiffres.) en fait-il! en bâcle-t-il de ces chiffres!... Tenez... tenez... des zéros!... Eh! allez donc! zan... zan... en voilà des centaines et des mille... faut-il qu'il ait une tête solide pour s'y retrouver... (Avec admiration.) Que c'est beau! que c'est donc beau, une tête comme ça!... quand je dis beau!... en dedans, bien entendu!... comme machine!... (Un garçon apporte la table servie.) Ah! très bien!... voyons, (Il examine le couvert.) Hum!... l'officier a fait les choses... un peu... on voit bien que les conseilleurs ne sont pas les... Ah! bath!... si je réussis... (Au garçon.) Allez... laissez-nous... (Le garçon sort. A Berthelin.) Mille pardons, monsieur; mais j'aurais à vous proposer...

BERTHELIN.

Une affaire?.. avec plaisir. (A lui-même, écrivant.) Total pour les cotons d'Egypte, cent quatre-vingts balles.

CASIMIR.

C'est que voilà l'heure du déjeûner, et si monsieur voulait me faire l'honneur de partager celui-ci, nous causerions.

BERTHELIN.

Volontiers, monsieur... dès que cela vous est agréable...

(Il examine ses papiers.)

CASIMIR, à part.

A merveille!... il ne fait pas de façons...

BERTHELIN, qui examine toujours.

C'est-à-dire non!... (Mouvement de Casimir.) Cent quatre-vingt-dix... c'est cent quatre-vingt-dix balles.

CASIMIR, à part.

Il paraît qu'il s'occupe en ce moment d'une grande opération sur les cotons... (Montrant la table.) Monsieur...

BERTHELIN, se mettant à table, son carnet près de lui.

Je suis à vous... nous disons qu'il s'agit d'un chargement de... coton.

CASIMIR, servant.

Pardon, monsieur... non, le coton n'est pas ma partie; je n'ai jamais été dans le... je voyage pour les vins de champagne... le kirsch... nous en avons des qualités... oh!

(Il fait claquer la langue.)

BERTHELIN, mangeant.

Ah! très bien!... j'aurais préféré des cotons... c'est beaucoup demandé aujourd'hui...

CASIMIR, avec emphase.

Et le vin!... le vin donc, monsieur!... Tout le monde en veut... tout le monde en boit... c'est-à-dire, tout le monde veut en boire. Le vin! mais c'est l'ami de l'homme!... c'est notre soutien! Sans le vin... (lui en versant.) vous en offrirai-je?... sans le vin!... le vin de champagne surtout, l'humanité ne trouverait dans l'existence qu'une source de déboires les plus amers.

(Il s'essuie la bouche avec sa serviette, à la manière des prédicateurs.)

BERTHELIN.

Je suis complètement de votre avis.

(Ils trinquent.)

CASIMIR.

A la vôtre.

BERTHELIN.

Mais les dernières lettres de mes correspondants d'Alexandrie et du Caire m'annoncent que cette année la qualité des cotons de la Basse-Égypte...

CASIMIR, à part.

Ah çà! mais, est-ce qu'il est sourd? (Élevant la voix.) Je vends du vin et du kirsch. (appuyant.) kirsch et vin.

BERTHELIN.

Ah! très bien!... vin... je croyais avoir entendu coton.

CASIMIR, à part.

Dam!... à moins qu'il n'en ait les oreilles pleines... après ça j'oubliais... sa distraction, oui, oui, je conçois... (Haut.) Monsieur, les vins que je vous propose sont d'autant meilleurs que le clos est parfaitement exposé; nos terrains...

BERTHELIN, vivement.

Fort bien, fort bien... mais votre prix courant, s'il vous plaît?

CASIMIR, allant chercher une écritoire.

Le champagne, deux cent cinquante francs la caisse de cent bouteilles, année 1834.

BERTHELIN, avec ironie.

Deux cent cinquante francs, de 1834!.. Allons donc, mon cher monsieur, pour qui me prenez-vous?

CASIMIR, à part.

Oh! le vieux madré! je m'en doutais... il n'y a pas moyen de... il connait les prix.

BERTHELIN.

J'en ai fait venir encore l'autre jour de la Jamaïque.

CASIMIR, qui allait boire, s'arrêtant.

Du vin de Champagne?

BERTHELIN.

J'offre deux cent quarante francs, j'en prends cinq cents... balles.

CASIMIR, à part.

Allons, bon!... le voilà qui revient encore à ses... cotons. (Haut.) Je vous demande bien pardon; mais, vous confondez, mon cher monsieur... nous parlons vin... vin de Champagne.

BERTHELIN.

Mais certainement, bien certainement, pourquoi n'en parlerions-nous pas? au fait!...

CASIMIR, à lui-même.

A la bonne heure, donc.

BERTHELIN, qui écrivait, s'arrêtant.

J'ai dit : cinq cents...

CASIMIR.

Caisses?

BERTHELIN.

Sans doute.

CASIMIR.

De vin?

BERTHELIN, avec impatience.

Certainement!

CASIMIR.

Champagne?

BERTHELIN, avec force.

Oui!

CASIMIR, à part, s'essuyant le front.

Eh! allons donc!... je suis en nage, parole d'honneur!

BERTHELIN.

Cela fait, monsieur?...

CASIMIR, calculant.

Juste cent vingt mille francs.

BERTHELIN.

J'en offre cent quatorze.

CASIMIR, se levant.

Permettez... nous avons déjà...

BERTHELIN.

Décidez-vous... on m'attend à la Bourse... cent quatorze mille francs... c'est à prendre où à laisser.

CASIMIR, se rasseyant vivement et écrivant.

Je prends... c'est convenu, monsieur... (A part.) Ces gros négociants, comme ça vous mène lestement les affaires!... cent quatorze mille francs! et j'ai cinq pour cent! O Joséphine! ô mon amour!... je vais donc pouvoir...

BERTHELIN, cessant d'écrire.

Je fais une réflexion... du vin, dans ce moment-ci... poup! poup!

CASIMIR, effrayé.

Ah! mon Dieu!... ah! mon Dieu!... (Se hâtant de finir, et lui donnant ce qu'il vient d'écrire.) Voici, monsieur... voici *votre commande* pour cinq cents caisses, veuillez signer.

BERTHELIN.

Ça suffit... c'est bien... attendez...

(Il examine la note et tient Casimir dans l'incertitude; celui-ci lui choisit des plumes, et manifeste l'impatience et l'anxiété les plus vives.)

CASIMIR, à part.

Je bous! je bous!

(Le voyant signer il prend la commande.)

BERTHELIN, l'arrêtant.

Attendez... attendez... le paraphe.

CASIMIR, lui donnant à peine le temps de l'achever.

Enfin! enfin! enfin! enfin!... il m'a encore donné une sueur froide.

(Il va porter la table dans le fond.)

BERTHELIN, debout, écrivant sur son carnet.

Cent quatorze mille francs... y compris les frais de transport à Marseille?

CASIMIR, qui reportait les chaises.

Pardon... nous ne... je ne puis pas...

BERTHELIN.

Et je vous règle sur-le-champ.

CASIMIR, vivement.

Convenu.... (A part.) Quel bonheur!

BERTHELIN.

Fort bien! moi je vais jusques chez mon banquier... oui, c'est ça... vous m'y rejoindrez... vous le connaissez peut-être?

CASIMIR.

Qui?

BERTHELIN.

Fombert, le banquier Fombert... rue des Viviers... à deux pas... vous prenez la neuvième rue à droite.. non à gauche... au bout de la place... enfin, la fontaine près le Cercle du Commerce, vous devez voir ça d'ici.. tout à côté....

CASIMIR, à part.

Tout à côté, la neuvième rue... (haut.) oui, oui. (A part.) Nous n'en sortirions pas... (Haut.) Fombert, banquier? je connais!... (à part.) je demanderai au premier commissionnaire.

BERTHELIN.

Venez m'y trouver avec la lettre de livraison... et donnant donnant... je vous remets un réglement à six semaines... vous pouvez y compter... ma signature... ça vous convient?

CASIMIR.

Comment donc!...

BERTHELIN.

Alors, voilà qui est fait, au revoir...

CASIMIR, le reconduisant.

J'ose espérer, monsieur, que nous n'en resterons pas là.

BERTHELIN.

Je l'espère aussi... j'aurai toujours quelques centaines de mille francs à votre disposition, quand ça vous fera plaisir...

CASIMIR.

Je vous prie de croire que ça m'en fera infiniment.

BERTHELIN.

Ne vous dérangez donc pas; (lui donnant la main.) mes complimens à Monsieur votre père...

(Il sort par le fond à droite.)

SCÈNE XVI.

CASIMIR, le suivant des yeux, avec transport.

Victoire!... brave homme!... homme généreux!... notre sauveur... je te couvre de bénédictions... (Descendant la scène.) Un réglement à six semaines; avec cent quatorze mille francs, de valeurs, il est impossible que je ne trouve pas six mille francs à emprunter, à peu près ma part de bénéfice... voilà une affaire!... une maîtresse affaire!... ô Joséphine! ma Fifine!... il a bien fait de s'en aller... je n'y tenais plus... je l'aurais embrassé, si je n'avais pas craint qu'il me prît pour un fou...

SCÈNE XVII.

CASIMIR, Mme ORTHÈS, et ensuite JOSÉPHINE.

(Madame Orthès entre par le fond.)

CASIMIR, se retournant, et courant à elle.

La marraine! (Haut.) Eh! arrivez, arrivez donc!... (Il la prend par la main et l'amène vivement sur le devant du théâtre.)

MADAME ORTHÈS.

Eh bien! eh bien! qu'est-ce qu'il y a donc?

CASIMIR.

Il y a! il y a! je vous le dirai quand Joséphine sera venue.. Fifine... ma Fifine (La voyant qui entre par la gauche en pleurant; elle est en toilette. Il court à elle.) Qu'est-ce que je vois là! des pleurs, des larmes!... (Lui essuyant les yeux avec son foulard.) Allons, allons, qu'on renfonce ça tout de suite!...

MADAME ORTHÈS.

Un moment, monsieur... par exemple!... que signifient ces manières-là?...(A Joséphine.) Suis-moi, Joséphine, M. Caboulet nous attend.

CASIMIR, la retenant.

Caboulet?... allons donc! qui est-ce qui parle de Caboulet? il n'y en a plus... mort!... défunt! évaporé de la surface de la terre! Caboulet, on s'en moque... ou le paie... ou l'envoie paître... je fournis les fonds!...

JOSÉPHINE et MADAME ORTHÈS.

Que dit-il?

CASIMIR.

Oui! oui! oui!... et j'en ai (à Joséphine.) cinq cents francs, chère amie... cent quatorze mille caisses... c'est-à-dire, non... je m'embrouille, moi... me voilà comme le vieux... et j'ai là-dessus 5 pour cent, près de six mille francs pour moi!... (à Madame Orthès.) je vous les donne.

MADAME ORTHÈS.

Bah!

CASIMIR.

Oui, je vous les donnerai.

JOSÉPHINE.

Mais comment?...

CASIMIR.

Puisque je te dis... un capitaliste en grand, un négociant monstre! qui m'a pris en amitié... je te conterai ça plus tard... l'essentiel c'est que je suis sauvé! (à Madame Orthès.) Vous aussi! (à Joséphine.) toi aussi! nous le sommes tous! embrasse-moi donc!

MADAME ORTHÈS, l'en empêchant.

Ah! çà, monsieur..

CASIMIR.

Eh bien, quoi? Ah! c'est juste!... j'oubliais... vous ignorez encore... mais il n'y a plus besoin de mystère maintenant... je puis le dire à la face de Montpellier: ce jeune homme de Paris, dont vous parliez tantôt... cet enjôleur!... ce séducteur... c'est votre serviteur... de tout...

MADAME ORTHÈS.

Vous!...

CASIMIR.

Un peu... moi, qui depuis six mois l'adore respectueusement, et qui l'épouse *idem* dans quinze jours...

MADAME ORTHÈS.

Et vous payez M. Caboulet...?

CASIMIR.

Je paie le Caboulet... totalement... et je fais restaurer l'auberge... peintures moyen-âge, des choses d'il y a 3,000 ans, tout ce qu'il y a de plus moderne, vous verrez!... un coup d'œil!...

JOSÉPHINE.

Vous consentez, n'est-ce pas, ma marraine?

MADAME ORTHÈS.

Si je consens... du moment qu'il nous libère!... Ah! Caboulet! ah! vieux juif!... ah! vieux cancre!... je vais donc pouvoir te dire une bonne fois ce que j'amasse là depuis si long-temps... depuis bientôt six mois, monsieur.

CASIMIR.

Gare de devant, alors!

MADAME ORTHÈS.

Et c'est à vous que je devrai ce plaisir-là!... Embrassez-moi.

CASIMIR.

Je ne m'y... (Se reprenant.) Pour vous obéir. (A Joséphine.) A présent, ton bras, vite!... j'ai là un billet de cinq cents francs pour mes frais de voyage. En avant! je dévalise les bijoutiers, les quincailliers.. viens, jeune fille aux yeux.. n'importe..viens chercher des colliers, des bijoux, des croix d'or, que je t'en pare!... que je t'en orne! (A madame Orthès.) Et vous aussi!... (lui présentant l'autre bras.) et nous passerons tous trois sous les fenêtres du Caboulet, pour le narguer... et vous venger!

MADAME ORTHÈS.

Une bonne idée!... il en crèvera de dépit!...

CASIMIR.

Je ne m'y oppose pas.

JOSÉPHINE, regardant Casimir avec tendresse.

Est-il bon enfant!

ENSEMBLE.

Air des Puritains (SPECTACLE A LA COUR, 1er acte)

CASIMIR.

Marchons à la vengeance!
Pour punir son offense,
Venez, j'ai l'assurance
D'un triomphe complet!

JOSÉPHINE.

Quelle douce espérance!
Je reprends confiance,
Puisqu'il a l'assurance
D'un triomphe complet!

MADAME ORTHÈS.

Quelle douce espérance!
J'vengerai mon offense!
Nous avons l'assurance
D'un triomphe complet!

CASIMIR, à Joséphine.

Ah! compte sur ma flamme;
J'en jure sur mon ame,
Oui, tu seras ma femme,
Malgré le Caboulet!

TOUS, avec mépris.

Le Caboulet! Le Caboulet!

REPRISE DE L'ENSEMBLE.

Marchons, etc.

(Ils se donnent le bras et sortent en courant.)

ACTE SECOND.

Le théâtre représente un jardin; à droite, un pavillon servant de salle de billard : on y arrive par un petit perron de quatre ou cinq marches; au fond, un peu sur la gauche, un arbre et une table; à gauche, sur le devant, une autre table et des chaises de jardin. Allées d'arbres qui s'étendent à droite et à gauche. Un mur au fond. L'auberge est censée à gauche.

SCÈNE I.

MONBRUN, LE COMMANDANT, JEUNES GENS.

(Ils tiennent chacun un verre, et sont assis autour de la table sur laquelle est un bol de punch.

TOUS, en riant.

Air du chœur de Wallace.

Ah! ah! le tour est enchanteur!
J'en rirai long-temps de bon cœur.
Le pauvre commis-voyageur!
Amis, buvons en son honneur.

MONBRUN.

Buvons: c'est la manière
De s'égayer toujours.
La source des bons tours
Coule dans notre verre.

REPRISE DE L'ENSEMBLE.

Buvons, buvons tous en l'honneur
Du brave commis-voyageur.
Ah! ah! le tour est enchanteur!
J'en rirai long-temps de bon cœur...

LE COMMANDANT, à Monbrun.

C'est donc ça qu'à déjeûner, vous vous êtes levé deux ou trois fois... et vous rentriez toujours en étouffant de rire.

MONBRUN.

Je venais d'aller aux écoutes.

LE COMMANDANT.

Toujours le même... une pareille mystification.... c'est mal...

MONBRUN.

Bah! bah!... il faut bien s'amuser un peu. (Regardant autour de lui.) Je voudrais pourtant bien revoir notre homme.

LE COMMANDANT.

Non, non, Monbrun, assez comme ça... et donnez-nous plutôt notre revanche.

MONBRUN.

Volontiers.. tout de suite... en trois parties, au doublé.

TOUS.

C'est dit.

MONBRUN, regardant le pavillon.

Ah! bien oui! mais voici qu'on entre par l'autre côté... le billard sera pris : après ça, on nous le cèdera... vous direz que c'est moi, Monbrun, qui l'ai retenu... allez... (Ils montent au billard. — Appelant du côté de l'auberge.) Garçon! madame Orthès! madame...

SCÈNE II.

LES MÊMES; Mme ORTHÈS, paraissant à gauche.

MADAME ORTHÈS.

Voilà! (A la cantonade.) Oui, oui... un ladre!... un grigou, je vous le répète... Plait-il?...

des menaces?... je m'en moque bien .. On vous paiera... Sortez de chez moi!

MONBRUN.

A qui en a-t-elle?... Madame Orthès...

MADAME ORTHÈS.

Je suis à vous!... C'est M. Caboulet qui... (A la cantonade.) Comment? je m'en repentirai?... et ma filleule aussi?... (riant.) ah! ah! c'est vrai, il y aura de quoi... le beau mari que vous auriez fait... ah! ah!...

MONBRUN, la prenant par le bras.

Madame Orthès... allons donc, maman Orthès... un autre bol de punch... au billard...

(Il va au billard.)

MADAME ORTHÈS.

Tout de suite, monsieur Monbrun... (Respirant.) Ouf! ça fait du bien... ça soulage. (Appelant.) François, Joséphine!

SCÈNE III.

Mme ORTHÈS, JOSÉPHINE.

MADAME ORTHÈS, à Joséphine qui entre avec un garçon : montrant les verres et le bol.

Viens m'aider à enlever tout ça... Eh bien!.. est-il parti?

(Le garçon sort avec les verres.)

JOSÉPHINE.

M. Caboulet?... Dieu merci, oui... mais il était dans une rage!... vous avez eu tort de l'agacer comme ça.

MADAME ORTHÈS.

Laisse donc... ce que je lui ai dit n'est encore rien auprès de ce qu'il mérite...

JOSÉPHINE.

Et vous vouliez nous marier ensemble!...

MADAME ORTHÈS.

Parceque je ne pouvais pas faire autrement.

AIR : Ah! si madame me voyait!

Ça m' désolait, car j'ai bon cœur,
D' lui sacrifier en mariage
Un' fill' comm' toi, jeune, jolie et sage.
Pour lui, m'disais-j', c'est cent fois trop d'honneur!
Mais un espoir s' mêlait à ma douleur.
Ma Joséphin', qui déja ne l'aim' guères,
Un' fois sa femm' l' détest'ra tout-à-fait,
Et me l' rendra malheureux comm' les pierres.
Voilà tout ce qui m' consolait,
Voilà ce qui me consolait!

JOSÉPHINE.

Il est sûr qu'après toutes les avanies qu'il vous a faites...

MADAME ORTHÈS.

Certainement, mais je viens de lui régler ce compte-là, capital et intérêts... nous devons être quittes, et si je lui redois quelque chose, ça sera pour la première fois que je le rencontrerai... quant à l'autre dette... nous allons en finir, dès que ton prétendu...

JOSÉPHINE.

Casimir?...

MADAME ORTHÈS.

Oui, il me revient ce garçon-là... un peu ustuberlu, mais le cœur sur la main... pourvu qu'il ne tarde pas à m'apporter l'argent.

JOSÉPHINE.

Oh! puisqu'il vous l'a promis...

MADAME ORTHÈS.

Aussi, je ne suis pas inquiète... après tous les cadeaux qu'il vient de te faire, cette croix, ces pendants d'oreille, et à moi donc, une belle chaîne d'or et une épingle, pour me prouver (riant.) *son attachement*, comme il disait... certainement, si avec ça je n'avais pas confiance... Dis donc... il me semble un peu en retard.

JOSÉPHINE.

Il aura été retenu par la personne qu'il cherchait.

MADAME ORTHÈS.

C'est que s'il survenait quelque anicroche! moi qui me suis vantée à M. Caboulet que son argent serait chez l'huissier avant une heure.

JOSÉPHINE, qui a remonté en regardant à gauche.

Et il y sera, ma marraine; j'aperçois Casimir.

MADAME ORTHÈS.

Dieu soit loué!... car je n'en montrais rien, parceque je sais me commander... mais une fameuse peur qui me galopait déja...

SCÈNE IV.

LES MÊMES, CASIMIR.

CASIMIR, un peu soucieux, à lui-même.

C'est particulier! impossible de déterrer ce diable de banquier.

JOSÉPHINE.

Casimir!

CASIMIR.

J'ai eu beau demander: M. Fombert? — Connais pas. — Banquier? — Connais pas.

JOSÉPHINE.

Casimir... est-ce que tu es devenu sourd?...

CASIMIR.

Ah!... vous voilà... non, non, non... c'est que je pensais à une affaire...

JOSÉPHINE.

A une autre encore! c'est donc ça que tu as été si long-temps?...

CASIMIR.

Est-ce qu'il ne fallait pas écrire à ma maison de Paris, et puis faire la lettre de livraison pour l'entrepôt?

JOSÉPHINE.

A la bonne heure...

MADAME ORTHÈS.

C'est juste.

JOSÉPHINE.

Eh bien?

MADAME ORTHÈS.

Eh bien?

CASIMIR.

Eh bien! quoi donc?... qu'est-ce que vous avez?... est-ce qu'il y aurait du nouveau?

JOSÉPHINE.

Eh! non, mais toi... l'argent que tu devais te procurer.

MADAME ORTHÈS.

Oui, l'argent pour payer M. Caboulet.

CASIMIR, comme un homme qui se rappelle.

Ah!... ah! oui! oui! oui! oui!... l'argent... c'est vrai... je n'y pensais plus...

JOSÉPHINE, à madame Orthès.

Il n'y pensait plus..

MADAME ORTHÈS, se rassurant.

Il n'y pensait plus... ainsi vous l'avez... l'argent?

CASIMIR.

Certainement.

JOSÉPHINE et MADAME ORTHÈS, respirant.

Ah!...

CASIMIR.

C'est-à-dire, minute... (mouvement des deux femmes.) au fond je l'ai bien, si vous voulez... mais le fait est que je ne l'ai pas... au reste, c'est absolument comme si je l'avais, puisque je l'aurai dans un instant.

MADAME ORTHÈS.

Vous en êtes bien sûr, au moins?...

CASIMIR.

Tiens, cette question... si j'en suis sûr!... il ne manquerait plus à présent... puisque je vous dis que je viens de faire ma lettre de livraison, que tout est prêt, tout est en règle... vous sentez bien qu'alors... il faudrait donc... d'autant plus... à propos, vous connaissez M. Fombert?

MADAME ORTHÈS.

M. Fombert?... non... non... connais pas...

CASIMIR.

Eh si!... vous ne connaissez que ça... M. Fombert, banquier.

MADAME ORTHÈS.

Un banquier? attendez donc... il y a ici à côté...

CASIMIR, avec joie.

Là!... vous voyez bien...

MADAME ORTHÈS.

Oui, mais ce n'est pas Fombert, c'est Marguery qu'il s'appelle.

CASIMIR.

Je vous dis Fombert... on lui parle Fombert, elle répond Marguery... (Avec impatience.) Fombert, banquier, rue des Viviers.

MADAME ORTHÈS.

Connais pas.

CASIMIR, à Joséphine.

Près la place de la fontaine.

JOSÉPHINE.

Connais pas.

CASIMIR.

Vis-à-vis le Cercle du Commerce... allons donc!

MADAME ORTHÈS.

Connais pas.

JOSÉPHINE.

Connais pas.

MADAME ORTHÈS.

Connais pas... il n'y a rien de tout ça ici... pas vrai, Joséphine?...

JOSÉPHINE.

Mais non.

CASIMIR.

Comment non?... je vous dis que si... voyons, cherchez bien... vous ne connaissez donc plus votre endroit!... (A part.) C'est lui aussi avec ses renseignements... que le diable l'emporte!...

MADAME ORTHÈS.

Ah çà! cette adresse, vous y tenez donc beaucoup?

CASIMIR, très-vivement.

Si j'y tiens!... (se contenant.) c'est-à-dire que j'y tiens sans y tenir... mais j'y tiens... parce qu'on m'avait prié... une commission...

MADAME ORTHÈS, prêtant l'oreille du côté de la maison.

Chut!... écoutez... (On entend une rumeur.) Eh bien! je m'informerai... (Écoutant encore.) Qu'est-ce qu'il y a donc?

JOSÉPHINE, qui était remontée.

Je vais vous dire ça, ma marraine.

(Elle sort en courant par la gauche.)

MONBRUN, paraissant sur le perron.

Madame Orthès!...

CASIMIR.

Ah! mon officier... il m'indiquera... il est si complaisant!

MONBRUN.

Madame Orthès... eh bien ce punch?

MADAME ORTHÈS.

Ah! mon Dieu!... et moi qui avais oublié!... (répondant.) tout de suite.

JOSÉPHINE, accourant.

Ma marraine, ma marraine, venez vite!

MADAME ORTHÈS.

Eh bien?... cet air effaré... qu'est-ce que c'est?

JOSÉPHINE.

Des gens de justice, et un huissier, qui viennent avec ce jugement qu'avait obtenu M. Caboulet.

MADAME ORTHÈS, à Casimir.

Là!... vous voyez...

JOSÉPHINE.

Allons, Casimir...

CASIMIR, troublé.

Certainement... je... je vais... (Apercevant Berthelin.) Ah! mon homme!... (Aux deux femmes.)

Ne craignez rien... rentrez... dites qu'on va payer... qu'on ne demande que dix minutes... pas davantage.

MADAME ORTHÈS et JOSÉPHINE.

Mais...

CASIMIR.

Allez! allez!... je réponds de tout, on paiera à bureau ouvert... dans dix minutes je suis à vous.

(Les deux femmes sortent par la gauche.)

SCÈNE V.

CASIMIR, puis BERTHELIN.

CASIMIR.

Enfin!...il peut se flatter d'arriver à propos... je commençais à ne plus trop savoir sur quel pied... (Regardant Berthelin qui arrive par le fond à droite en cherchant dans un gros portefeuille.) Qu'est-ce qu'il tient donc là?... ah! son portefeuille!... il doit y en avoir pour quelques sous... là dedans.

BERTHELIN, fermant son portefeuille et le mettant dans sa poche.

Ça fait bien mon compte.

CASIMIR, à part.

Oui, mais si tu remets tout dans ta poche, ça ne fera pas le mien, mon cher ami... (Le saluant d'un air riant.) Monsieur...

BERTHELIN.

Votre très humble...

CASIMIR.

Si vous venez de chez votre banquier, monsieur, vous avez dû être surpris de ne pas m'y trouver... mais...

BERTHELIN, lui rendant son salut.

Monsieur... à qui ai-je l'avantage...

CASIMIR.

Casimir Dubreuil... le commis-voyageur de la maison Coquelet.

BERTHELIN.

Coquelet et Compagnie... ah! oui, oui, fort bien! le kirsch de la forêt noire.

CASIMIR, appuyant.

Et le champagne! (avec force.) et le champagne!

BERTHELIN.

Très bien...

CASIMIR.

Fort bien, très bien, oui... mais vous m'obligeriez beaucoup...

ENSEMBLE.

CASIMIR.

Si vous vouliez me régler notre compte.

BERTHELIN.

Maison solide, monsieur, connue sur la place.

CASIMIR, répétant avec force.

Régler notre compte de ce matin.

BERTHELIN.

Ah! ah!... oui... régler... demande bien pardon... mais, je n'ai pas plus de mémoire qu'un lièvre.

CASIMIR, à part.

Il y paraît.

BERTHELIN, consultant son carnet.

Au reste, j'écris tout... heu! heu!... heu... neu!... voyons donc... j'achète tant, monsieur!... neu, neu... deux robes, un chapeau...

CASIMIR.

Pas ça, du vin!

BERTHELIN.

Poudre.

CASIMIR.

Champagne!...

BERTHELIN.

Heu... vin de champagne.

CASIMIR.

C'est ça, nous y voilà... (A part.) J'ai vu bien des originaux; mais jamais de cette trempe-là, par exemple...

BERTHELIN.

Nous disons donc que c'est...

CASIMIR.

Cent quatorze mille francs... et voici la lettre de livraison.

BERTHELIN, la mettant dans sa poche.

Parfait! parfait! eh bien!... si vous voulez repasser demain, je vous règlerai ça...

CASIMIR, à part.

Demain, diable!... (Haut.) Pardon, monsieur, vous m'aviez fait espérer qu'aujourd hui...

BERTHELIN.

Aujourd'hui!... au fait, pourquoi pas?... ça m'est égal... vous êtes pressé?

CASIMIR.

Oh! mon Dieu... non, pas du tout... au contraire... seulement, si ça se pouvait tout de suite... un peu d'argent comptant qui me manque, et avec votre signature...

BERTHELIN.

De l'argent comptant, en voulez-vous?...

CASIMIR.

Quoi, monsieur, vous consentiriez à m'escompter!...

BERTHELIN, tirant son portefeuille et allant s'asseoir près de la table.

Escompter, fi donc! jamais d'escompte!... obliger, monsieur, obliger. (Lui donnant un carré de papier plié.) Tenez, monsieur, voici d'abord...

CASIMIR, examinant le papier.

Quoi!... qu'est-ce que c'est que ça?

BERTHELIN, lui donnant un autre papier.

Voici maintenant un bon sur la banque.

CASIMIR, le prenant avec joie.

Ah! (L'examinant.) ça!... ça!... ah çà! mais, monsieur...

BERTHELIN.

Préférez vous autre chose? (Lui présentant d'autres griffonnages.) Tenez, voici.

CASIMIR, repoussant sa main.

Ah! mais, monsieur... un moment... j'aime à rire... certes, j'aime à rire... mais en affaires, je ne plaisante jamais.

BERTHELIN, offensé.

Comment, monsieur, vous vous défiez de moi... vous refusez...

CASIMIR.

Laissez-moi donc tranquille... me prenez vous pour?... oui, voyons, pour qui me prenez vous, avec vos barbouillages de chiffres?

BERTHELIN, élevant la voix.

Monsieur, ce sont des valeurs...

CASIMIR.

Eh! finissons...

BERTHELIN.

Vous n'en voulez pas?...

SCÈNE VI.

LES MÊMES, MONBRUN, JOUEURS.

MONBRUN, sur le perron.

Tiens!

(On le voit faire signe à ses amis qui viennent tous regarder.)

BERTHELIN, avec dignité fermant son portefeuille.

Tant pis pour vous... je n'en ai pas d'autres.

CASIMIR.

Pas d'autres!... monsieur... j'ai pris patience jusqu'ici; mais il faut en finir... prétendez-vous me mystifier?... morbleu... sans votre âge...

MONBRUN et SES AMIS, riant.

Ah! ah! ah! ah!

CASIMIR, levant la tête et les apercevant.

Hein? qu'est-ce que?... (A Berthelin qui s'éloigne, se plaçant devant lui.) Monsieur...

BERTHELIN.

Laissez-moi, monsieur...

CASIMIR.

Quand vous m'aurez payé...

(Il lui saisit le bras.)

BERTHELIN, cherchant à se dégager.

Laissez-moi... voulez-vous bien!...

MONBRUN, riant toujours.

Eh oui, lâchez-le donc, imbécille... vous ne voyez pas que c'est un fou?

CASIMIR, atterré, lâchant Berthelin qui s'en va par la gauche.

Un f...

MONBRUN et SES AMIS, riant aux éclats.

Ah! ah! le niais... la bonne dupe!

(Ils rentrent dans la salle de billard, et on les entend rire encore bruyamment.)

SCÈNE VII.

CASIMIR, FRÉDÉRIC.

CASIMIR, revenant de sa stupéfaction et montrant Berthelin dans le lointain.

Un fou!

FRÉDÉRIC.

Eh! sans doute.

CASIMIR.

Ainsi... j'étais... un me... et ces pauvres femmes .. (Avec fureur.) Ah!

(Il s'élance vers l'escalier qu'il monte rapidement.)

FRÉDÉRIC.

Casimir! Casimir! cette colère... (Casimir entre dans la salle de billard; on rit à son entrée.) A qui en a-t-il donc!... (On entend quelques mots prononcés avec vivacité, puis le bruit d'un soufflet.) Ciel!.... un soufflet! (Les éclats de rire cessent, le nom de Monbrun est prononcé par ses amis qui le contiennent: Casimir reparait et descend l'escalier.) M. Monbrun, grand Dieu! (A Casimir.) Qu'avez-vous fait?

CASIMIR, descendant.

Allez, monsieur Frédéric... allez, je vous en prie, et arrangez ça comme vous voudrez: je m'en rapporte à vous; (le retenant.) mais rappelez-vous bien... qu'il faut qu'un de nous deux tue l'autre.

FRÉDÉRIC, consterné.

Ciel!

CASIMIR.

Allez! allez!...

(Frédéric entre dans le billard.)

SCÈNE VIII.

CASIMIR, seul.

Oh oui!... il le faut!... je lui apprendrai!... un fou!... (montrant la fenêtre.) et il était là, avec ses amis, pour rire à mes dépens... oh! ce n'est rien encore... c'est dans la ville qu'on rira, Dieu sait, quand ça va se répandre... et là-bas, à la maison de Paris, qui va recevoir ma lettre d'avis, et qui saura plus tard... je perdrai ma place, je n'en retrouverai pas d'autres, par-tout bafoué, moqué, montré au doigt... et je ne me serais pas vengé!... ah!... quand il ne m'aurait pas même appelé imbécille!... imbécille!... il faut être juste... il avait bien raison... et pourtant non... car au fait, comment se défier?... j'arrive... je trouve un officier qui a l'air bon enfant, sans façon, franc comme moi... et tout ça pour... au reste chacun son tour... et maintenant, tout farceur qu'il est, il faut que ce soit du sérieux... il me tuera peut-être... eh bien!... qu'est-ce que ça me fait?... au moins, on ne rira plus... je ne tiens pas à la vie, moi... je ne tiens qu'à pouvoir marcher tête levée... et après ça... finir un peu plus tôt, un peu plus tard... je m'en soucie comme de... (Apercevant Joséphine qui

arrive par la gauche, et frappé d'une émotion de douleur.)
Joséphine!... ah! malheureux!... je l'oubliais.

SCÈNE IX.

CASIMIR, JOSÉPHINE.

JOSÉPHINE.

Eh bien!... qu'est-ce que tu fais là tout seul... Mais viens donc... ma marraine m'envoie te chercher... on voulait absolument saisir... et elle est allée chez le président du tribunal demander un sursis...

CASIMIR, préoccupé.

Ah!.. oui... oui.. (A part.) Cachons-lui bien...

JOSÉPHINE.

Mais, toi... cet argent... à quoi t'amuses-tu au lieu d'aller le toucher? pourquoi ne l'as-tu pas encore reçu?

CASIMIR.

Reçu... reçu... tu crois que ça se fait comme ça dans le haut commerce... au détail c'est possible... mais ici non... ça n'est plus ça...

JOSÉPHINE.

Pourtant tu disais: tout de suite...

CASIMIR.

Eh bien! oui... justement... tout de suite... dans le grand commerce, ça veut dire quelques jours, une quinzaine, un ou deux mois...

JOSÉPHINE, avec effroi.

Deux mois!... deux mois... ah! mon Dieu! mon Dieu! (elle pleure.) attendre deux mois!

CASIMIR.

Eh! non!... eh! non!... ne vas-tu pas te chagriner à présent! Mon Dieu! que tu es enfant, va! on lui dit que je suis sûr... tiens... veux-tu que j'aille chercher un à-compte?... (à part.) une soixantaine d'écus qui me restent là-haut. (Haut.) Hein?.... veux-tu?.... parle donc.

JOSÉPHINE.

Dam! ce serait toujours ça... si tu crois qu'on veuille te donner...

CASIMIR.

Un à-compte? sans doute, eh! bien est-ce fini?... à la bonne heure donc?... Est-ce qu'il faut se désespérer comme ça, ma petite poule?..

JOSÉPHINE, lui donnant la main.

Ah!... c'est qu'il ne s'agit plus seulement d'argent comme ce matin...

CASIMIR.

Qu'est-ce ce qu'il y a?...

JOSÉPHINE.

M. Caboulet, exaspéré, furieux... a dit à tous nos voisins que c'était lui qui rompait avec moi, parce qu'il avait découvert que j'avais un amant à Paris... toute la ville va le savoir, et si tu ne réussissais pas, moi, je serais perdue...

CASIMIR.

Perdue!...

JOSÉPHINE.

Bien sûr... ma réputation compromise.... et puis ma marraine qui ne me pardonnerait pas, qui me renverrait... aussi bien, elle n'aurait plus le moyen de me garder, pauvre chère femme... qu'est-ce que je deviendrais?

CASIMIR, avec entraînement.

Eh bien!.... et moi!... et moi!... est-ce que je ne suis pas là?...

JOSÉPHINE, prenant avec reconnaissance la main qu'il lui tend.

Oh! oui!... n'est-ce pas?... quoi qu'il arrive, tu tiendras ta parole, tu seras mon mari.

CASIMIR.

Est-ce que ça se demande?

JOSÉPHINE.

Tu ne me laisseras pas ici, en butte aux propos... aux mépris peut-être... nous irons à Paris, où je reprendrai mon état... je travaillerai... nous ne serons pas riches, mais nous nous aimerons tant!

CASIMIR.

C'est vrai... c'est vrai... une bonne idée ça...

SCÈNE X.

JOSÉPHINE, CASIMIR, FRÉDÉRIC.

FRÉDÉRIC, paraissant sur le perron; à la cantonade.

Il suffit, commandant... monsieur Casimir acceptera... (Casimir, à la voix de Frédéric s'arrête et devient contraint.) et puisque M. Monbrun y consent, nous nous servirons de vos pistolets.

JOSÉPHINE.

Ciel!..

(Elle parle bas à Casimir.)

FRÉDÉRIC, allant à Casimir, sans voir Joséphine.

Ah! Casimir...

CASIMIR, à Joséphine, qu'il cherche à éloigner.

Rien, te dis-je... Retire-toi, va... laisse-nous un peu... (Bas à Frédéric.) Silence devant elle!

JOSÉPHINE.

Mais il a parlé de pistolets, de M. Monbrun...

CASIMIR.

Chut!... tais-toi donc... (Il fait signe à Frédéric.) Il ne faut pas qu'on sache... (D'un air de confidence.) Monsieur Frédéric a eu une querelle.

JOSÉPHINE, avec effroi.

Avec M. Monbrun!... Ah! mon Dieu!... mon Dieu!... je me doutais bien que ça finirait par là... Mais, et toi, comment es-tu mêlé?...

CASIMIR.

Ah! moi.. c'est tout simple... comme témoin .. monsieur Frédéric m'a choisi...

JOSÉPHINE, passant à Frédéric.

Non, monsieur Frédéric!.. oh! non... ne vous battez pas!... Cette pauvre mademoiselle Adèle, qui vous aime tant! elle en mourrait!

FRÉDÉRIC.

Que dites-vous?

JOSÉPHINE.

Ce qu'elle m'avait défendu de redire... C'est

vous seul qu'elle aime; elle ne peut pas souffrir M. Monbrun... elle vous le cachait, parcequ'elle craignait ce qui vient d'arriver.

FRÉDÉRIC.

Qu'entends-je? il serait vrai!... Ah! que ne l'ai-je su plus tôt... ce ne serait pas vous...

CASIMIR, passant entre eux, lui prenant le bras avec force.

Silence donc!... (A Joséphine.) Va, va, mon enfant... laisse-nous faire.

JOSÉPHINE.

Tu veux donc qu'il le tue!...

CASIMIR.

Eh non!...

JOSÉPHINE, le prenant à l'écart.

Mais, c'est que tu ne sais pas, toi, tu ne sais pas ce que c'est que M. Monbrun... d'une adresse et d'une force à toutes les armes... un duelliste, qui n'a jamais manqué son homme.

CASIMIR, troublé un instant.

Ah!...

JOSÉPHINE.

Qui a déja tué...

CASIMIR.

Qui a déja?... (Reprenant sa résolution, à part.) Eh bien! nous verrons.

JOSÉPHINE.

Est-ce que tu ne vois pas moyen d'arranger ça?

CASIMIR.

Si fait! si fait!... je m'en charge... (à Frédéric avec intention.) n'est-ce pas?... nous allons arranger ça... le plus vite possible...

JOSÉPHINE.

Et si on ne pouvait pas... Ah! M. Frédéric, défendez-vous bien au moins, je vous en prie, faites tout votre possible pour *ne pas* vous *laisser tuer*...

CASIMIR.

Sois donc tranquille... j'en réponds!... (avec expression.) il pensera au bonheur qui l'attend, s'il en réchappe... Si par malheur, au contraire... (mouvement de Joséphine.) tu peux être sûre qu'il n'y aura pas eu de sa faute... ni de la mienne... Maintenant, éloigne-toi... va...

JOSÉPHINE.

Oui... oui...

CASIMIR, la rappelant avec émotion.

Eh bien!... Joséphine, comment, sans m'embrasser! Ah!... je conçois, devant M. Frédéric... bah!... lui... c'est un ami...

(Il embrasse Joséphine.)

JOSÉPHINE, avec une profonde émotion.

Oh! tu ne te battras jamais, toi, n'est-ce pas?... parce que, vois-tu, à ce que j'éprouve là pour cette pauvre mademoiselle Adèle... je sens là que si c'était pour moi...

CASIMIR, la repoussant doucement.

Allons donc, enfant... quelle idée... il est bien question de ça!... Adieu, Joséphine... adieu, ma chérie...

(Il se détourne et essuie ses yeux.)

JOSÉPHINE, à part.

Oh! c'est égal... mon devoir est de prévenir tout de suite mademoiselle Adèle...

(Elle sort rapidement par la droite.)

SCÈNE XI.

CASIMIR, FRÉDÉRIC.

CASIMIR, qui la suit des yeux.

Pauvre fille!... et dire que peut-être jamais!.. (Passant la main sur son front comme un homme qui cherche à s'étourdir.) Ah! bah!... à nous deux, M. Frédéric...Vous dites donc que c'est au pistolet?

FRÉDÉRIC.

M. Monbrun avait le choix des armes; auriez-vous préféré l'épée?

CASIMIR.

L'épée, le pistolet, la carabine, le coupe-choux, tout ce qu'on voudra... je n'y tiens pas...

FRÉDÉRIC.

Vous connaissez donc?

CASIMIR.

Rien de tout ça... par conséquent, je n'ai pas de préférence.

FRÉDÉRIC.

Comment vous n'avez jamais?...

CASIMIR.

Je n'ai jamais mis le pied dans une salle d'armes, ni brûlé une amorce, non... mais que ça ne vous effraie pas... j'ai du coup-d'œil... je sais ça parce qu'il m'est arrivé quelquefois de m'essayer... en flânant aux Champs-Élysées... vous savez, on tire sur une espèce de petite histoire... un je ne sais quoi, pas plus gros que ça, avec une arbalète... en plâtre?...

FRÉDÉRIC.

Et vous touchiez le but très souvent?

CASIMIR.

Non, jamais, il faut être juste, mais dans les derniers temps, je n'en allais guère qu'à sept ou huit pouces.

FRÉDÉRIC, effrayé.

O ciel!...

CASIMIR.

Après ça vous pouvez être sûr que je ne reculerai pas sur le terrain. Et pour ce qui est de l'adresse, en nous plaçant bien vis-à-vis... à quatre ou cinq pas...

FRÉDÉRIC.

Y pensez-vous?

CASIMIR.

Dam!... il me semblait... quand il s'agit d'un...

FRÉDÉRIC, avec amitié et émotion.

Oui, et voilà ce qui m'étonne de votre part,

ce qui est inexcusable... vous, la douceur même, vous porter à une pareille violence, à un de ces affronts qui veulent du sang, et cela sans motifs graves...

CASIMIR, avec énergie.

Sans motifs!... oui, pour un autre peut-être... mais... (S'interrompant.) Pardon, M. Frédéric, faites-moi seulement l'amitié de me dire les conditions du combat...

FRÉDÉRIC.

A vingt-cinq pas... vous marcherez l'un sur l'autre, et...

(Il s'arrête.)

CASIMIR.

Et... j'entends... au petit bonheur!...

FRÉDÉRIC.

Le commandant, que je connais, sera votre second témoin... le rendez-vous... hors la ville, sur les bords de la petite rivière de Lez.

CASIMIR.

Bravo!... tout ce que je désire, à présent, c'est que ça ne tarde pas trop... car tant que nous n'aurons pas terminé, je ne serai pas tranquille... (mouvement de Frédéric.—vivement.) pas pour moi au moins, quoique au fond je ne sois pas plus pressé qu'un autre de... (il fait le signe d'être tué.) je mentirais si je le disais... mais bath!... si je n'exposais que moi seul...

FRÉDÉRIC.

Comment?...

CASIMIR.

Et oui!... vous n'avez pas vu... tout-à-l'heure, cette jeune fille?...

FRÉDÉRIC.

Joséphine? ah! oui.

CASIMIR.

Pauvre amie, va!... tenez... si quelque chose pouvait me faire croire d'avance que la mauvaise chance sera pour moi, c'est que ça doit encore retomber sur elle... (Avec douleur.) Oh! oui!... car la pauvre enfant, je lui ai toujours porté malheur.

FRÉDÉRIC.

Vous!

CASIMIR.

C'est vrai ça... que je vive ou que je .. enfin, c'est comme une fatalité!... elle était contente, heureuse, à Paris, dans un magasin... J'y vais un jour, par hasard... je la vois... elle me plait... j'y retourne souvent... si souvent qu'on se douta de la vérité... Vous me direz : « Il n'y a pas grand mal... » non, mais ce que vous ignorez, ce que j'ignorais aussi, c'est que la dame du magasin s'était mis dans la tête que je venais là pour elle... je vous demande un peu, une grande sèche de trente-six ans, avec des yeux qui regardaient chacun de son côté. C'est vrai, la rue était ici, (il montre la droite.) l'arrière-boutique là; (il montre la gauche.) eh bien! elle voyait dans les deux endroits à-la-fois. C'est même ce qui fit découvrir le mystère, parce que, vous concevez... on ne se défie pas... on se dit : « Bon, elle regarde dans la rue, je ne risque rien... » Il n'y a rien de traître comme ça. La voilà donc qui sait tout, qui rage!... et dam! c'était chaque jour des scènes... mais des scènes!... et enfin, profitant d'un voyage que je fis à cette époque-là... elle renvoya Joséphine, qu'elle savait orpheline, sans parents... Ce fut alors que la pauvre fille vint à Montpellier, auprès de sa marraine, qui, à son tour, ne la tracassait pas mal... et pour comble de tout.. j'arrive ici... vous voyez ce qui en résulte.

FRÉDÉRIC.

Oui, je viens d'apprendre...

CASIMIR, avec douleur et attendrissement.

La marraine ruinée, Joséphine compromise, perdue!... tout ça par moi... par ma faute!... (Avec amertume.) Quand je vous disais que je lui porte malheur!... moi, qui aurais donné mon sang, ma vie!... car enfin, si je devais lui rester, du moins elle n'aurait manqué de rien. Oh! non... je lui aurais dit : « Viens, je suis jeune, « et avec du cœur et de bons bras on ne meurt « pas de faim!... Si je perds ma place, je ferai « autre chose! n'importe quoi!... tout... J'irai « travailler sur le quai... je me ferai menuisier, « maçon, n'importe... mais au moins ma « femme vivra! »

FRÉDÉRIC.

Brave garçon!

CASIMIR.

Car elle allait bientôt l'être, et si j'ai un regret... un chagrin, oui, un chagrin qui me... c'est de ne pas avoir le temps de lui donner mon nom, avant de... (Suffoquant.) Pauvre amie... non... rien... l'abandon! la misère!... Ah! tenez, de penser à ça... finissons-en... finissons-en tout de suite... car cette idée-là, voyez-vous... si je m'y laissais aller, elle finirait peut-être par faire de moi... (d'une voix étouffée, avec hésitation.) un lâche.

FRÉDÉRIC.

Que dites-vous?

CASIMIR.

Oh! oui, c'est honteux, n'est-ce pas?... mais l'inquiétude de ce qu'elle va devenir sans moi... mon cœur se brise, ma vue se trouble, ma main tremble... je me sens moins sûr de moi... (même jeu.) j'ai peur!

FRÉDÉRIC.

Malheureux!... c'est vous enlever la seule chance qui vous reste, la confiance, le sang-froid... ah! Casimir... allons, allons... rappelez votre fermeté... le moment approche... du calme... et si, pour vous rendre à vous-même, il ne faut que vous rassurer sur l'avenir de celle qui vous est chère, n'avez-vous pas un ami?...

CASIMIR.

Comment?

FRÉDÉRIC.

AIR : Vous avez vu ces bosquets de lauriers.

De ce combat j'augure mieux que vous ;
Mais si le sort trahit votre courage,
De ces devoirs à votre cœur si doux
Mon amitié réclame l'héritage.
Pour Joséphine, ah ! je l'atteste ici,
Vous n'aurez plus à craindre la misère ;
Oui, je le jure, et s'il faut aujourd'hui
Que d'un époux elle perde l'appui,
Il lui reste celui d'un frère !
Oui, je serai pour elle un frère !

CASIMIR.

Il serait possible !...

FRÉDÉRIC.

Oui, sur mon honneur ! elle et sa marraine, conduites par moi-même auprès de mon oncle...

CASIMIR, s'emparant de sa main avec transport, et s'efforçant de la porter à ses lèvres.

Ah ! ah ! monsieur Frédéric...

FRÉDÉRIC, l'attirant dans ses bras.

Ah ! dans mes bras, donc !

(Ils s'embrassent.)

CASIMIR, avec résolution.

Et maintenant, venez, partons... partons !...

FRÉDÉRIC.

Les voici.

CASIMIR.

Ah ! tant mieux.

SCÈNE XII.

CASIMIR, LE COMMANDANT, FRÉDÉRIC, UN TÉMOIN, MONBRUN, DEUX AUTRES TÉMOINS.

(Le commandant tient une boîte de pistolets.)

FRÉDÉRIC, regardant à sa montre.

Nous ne sommes pourtant pas en retard, Messieurs, et nous partions.

LE COMMANDANT.

C'est inutile.

MONBRUN, qui tient un cigarre.

Nous ne pouvons plus aller au rendez-vous convenu.

FRÉDÉRIC.

Pourquoi donc ?...

CASIMIR, vivement.

Pourquoi donc ? pourquoi donc ?...

MONBRUN.

On a parlé de cette affaire dans la ville ; on sait que je dois me battre... et tous ces imbécilles sont déjà aux fenêtres ou sur les portes, pour nous voir passer et nous suivre.

CASIMIR.

Bah ! bah ! qu'est ce que ça fait ?... allons toujours.

MONBRUN.

Monsieur...

CASIMIR.

Du tout, plus il y aura de monde, et plus la réparation...

MONBRUN.

Encore un fois, si nous sortons, le combat devient impossible... (regardant Casimir avec ironie.) cela arrangerait peut-être Monsieur.

CASIMIR.

Hein !...

MONBRUN.

Mais pas moi.

LE COMMANDANT, qui s'est consulté avec Frédéric et les deux autres témoins.

Nous ne voyons qu'un moyen...

FRÉDÉRIC.

C'est de répandre le bruit d'un accommodement, et demain, à la pointe du jour...

CASIMIR.

Demain !... rester encore vingt-quatre heures avec !... (parodiant le ton de Monbrun.) cela arrangerait peut-être Monsieur...

MONBRUN.

Hein !...

CASIMIR.

Mais pas moi... non, aujourd'hui, tout-à-l'heure, quand ça devrait être ici...

MONBRUN, regardant autour de lui.

Au fait, ici ? pourquoi pas... ce jardin est à peu près isolé, au moins de ce côté qui donne sur la campagne... et comme c'est par l'autre que les curieux nous attendent...

CASIMIR, au commandant.

Bon ! nous voilà d'accord... vite... vite les...

FRÉDÉRIC.

Doucement Casimir... il faut d'abord charger les armes... mesurer la distance...

CASIMIR, voulant prendre la boîte.

Eh bien, donnez-les...

FRÉDÉRIC.

Eh ! non !...

LE COMMANDANT.

Ceci nous regarde, monsieur...

CASIMIR.

Ah !... c'est ?... pardon, je ne m'y oppose pas ; faites, Messieurs. (Frédéric, le commandant et les deux autres témoins vont charger les armes sur la table qui est au pied de l'arbre.) Allons... attendons...(Voyant Monbrun qui se promène à droite en fumant.) Tiens !... l'autre qui fume !... il a le cœur de fumer au moment de... grand égoïste !... tu n'as donc personne qui t'aime... et moi !... Joséphine !... si la pauvre fille se doutait... elle, qui tout-à-l'heure faisait là de si jolis rêves... et dire que quelques grains de poudre... un peu de plomb... un petit mouvement du doigt... (Chassant cette idée.) Eh bien !... qu'est-ce que je fais donc ?... pas de ça... pas de ça, mon cher ami.

MONBRUN, qui se promenait, s'arrêtant devant Casimir.

Mon cher monsieur...

CASIMIR.

Plaît-il?...

MONBRUN.

Avant de vous laisser aller tout-à-l'heure à votre accès de colère, vous n'aviez donc pris sur moi aucun renseignement?

CASIMIR.

Est-ce qu'on a besoin d'en prendre pour répondre à une indignité!...

MONBRUN.

A une plaisanterie.

CASIMIR.

Une plaisanterie?

MONBRUN.

Rien de plus.

CASIMIR.

Et qu'en savez vous?... c'est bientôt dit ça, une plaisanterie... voyez-vous?... je ris, je m'amuse tout comme un autre moi... des mystifications... bah!... en société, on m'en a fait, j'en ai rendu... il n'en a jamais été que ça... et tenez, ce matin... vous m'auriez seulement fait payer un déjeûner au maniaque, vous en auriez même pris votre part, et puis après, au dernier verre de champagne, vous m'auriez dit: « Mon cher Casimir, voilà de quoi il retourne, histoire de rire... une poignée de main...» je vous l'aurais donnée, et sans rancune!... mais pas du tout!... monsieur! c'est dans mon état que vous m'avez attaqué; c'est mon crédit, mon gagne-pain, que vous me faites perdre!...

MONBRUN.

Moi!...

CASIMIR.

Vous!... oui, vous, monsieur... vous m'avez laissé le temps de conclure une affaire, d'échanger des signatures, d'écrire à ma maison; ainsi, *primò* d'abord, mon état perdu!... mon avenir compromis... et puis... d'autres choses encore... l'existence d'une famille... des choses enfin... qui font que j'ai pleuré!... oui, monsieur, oui pleuré... moi! un homme!... Ah! si c'est là ce que vous entendez par plaisanterie, merci, je ne vous demanderai pas votre recette.

MONBRUN, à part.

Diable! diable!... (Haut.) Dans le fait, je n'avais pas réfléchi... il est possible que j'aie été un peu loin.

CASIMIR.

Un peu... beaucoup.

MONBRUN.

Mais, vous, monsieur, vous avez été plus loin encore... Et maintenant... dam! j'en suis bien fâché... mais il n'est plus temps... une vivacité qui peut vous coûter cher!

CASIMIR.

Ah çà!... on dirait que vous cherchez à m'intimider... est-ce que vous auriez peur?

MONBRUN.

Hein!

(Pendant le couplet, Frédéric mesure la distance en marchant à pas comptés et en diagonale, de la rampe à gauche au mur du fond.)

AIR : Connaissez mieux le grand Eugène.

Me soupçonner!... Pour moi quelques alarmes!
Mon cher monsieur, il n'en est pas moyen,
Car on connaît assez ma force aux armes,
Pour savoir que je ne crains rien.
Je vous plaignais, et voilà tout.

CASIMIR.

Fort bien!
Je vous dispense de me plaindre;
Je risque plus, mais ça me convient mieux...
Celui qui marche au combat sans rien craindre
N'est pas toujours le plus brave des deux,
N'est pas le plus brave des deux!

MONBRUN, avec colère.

Monsieur!...

FRÉDÉRIC.

Messieurs, tout est prêt.

(Il leur montre la table du fond sur laquelle sont les pistolets.)

MONBRUN.

Allons...

CASIMIR.

Bravo!...

MONBRUN, à Casimir.

A vous, monsieur.

CASIMIR.

A vous... sans façon... non, non... ne faites donc pas de cérémonies!... (Ils prennent chacun un pistolet, Monbrun suit les témoins qui le placent au fond à droite; Casimir descend la scène à gauche avec Frédéric.) Ah çà!... vous êtes sûr que ça ne ratera pas?...

FRÉDÉRIC.

Ah!... cette chaîne... ces boutons... autant de points de mire... cachez... cachez... (Il ferme et boutonne son habit et rentre son col de chemise dans sa cravate.) Et ceci...

CASIMIR.

Prenez donc garde!... vous chiffonnez mon col...

FRÉDÉRIC.

Eh! il s'agit bien!... Allons, Casimir!...

CASIMIR, lui donnant la main.

Merci!... pensez à Joséphine!...

(Frédéric va rejoindre le commandant à gauche; les autres témoins se tiennent vis-à-vis, près le pavillon. Le commandant frappe trois coups dans ses mains. Les adversaires marchent l'un sur l'autre dans le plus grand silence; Monbrun s'arrête et jette son cigare, puis il s'apprête à ajuster Casimir, qui s'arrête aussi.)

CASIMIR.

Tirez... n'ayez pas peur.

FRÉDÉRIC, vivement.

On vient, arrêtez!

LE COMMANDANT, regardant.

Des femmes!...

FRÉDÉRIC.

Cachez vos armes, messieurs.

CASIMIR.

Allons, ça sera à recommencer.

MONBRUN, redescendant en scène.

Au diable!... on ne peut pas rester un moment tranquilles!

CASIMIR, apercevant Joséphine qui entre par la droite.

Joséphine! (Bas à Monbrun.) Monsieur... cette jeune fille m'aime; si vous voulez que le combat ait lieu, laissez-moi faire, et quoique je dise, ne me démentez pas.

MONBRUN.

Il suffit.

SCÈNE XIII.

LE COMMANDANT, FRÉDÉRIC, JOSÉPHINE, ADÈLE, CASIMIR, MONBRUN, LES DEUX TÉMOINS.

JOSÉPHINE, à Adèle.

Tenez, mademoiselle, que vous disais-je? les voici tous!

CASIMIR, à haute voix.

Ainsi, c'est entendu, messieurs; ça n'ira pas plus loin; l'affaire en restera là.

ADÈLE.

Qu'entends-je?

JOSÉPHINE, à Casimir, vivement.

Il se pourrait... tu as réussi?

CASIMIR, feignant la surprise.

Tiens! c'est toi, chère amie?... Eh! certainement! je te l'avais bien dit... oui, ces messieurs ont entendu raison... parceque au fait, pour quelques mots, quelques paroles un peu... ce serait un enfantillage d'aller... (avec gravité et intention.) comme s'il s'agissait d'une offense grave, sérieuse... parcequ'alors... oh! alors... (Avec intention à Monbrun.) N'est-ce pas?

MONBRUN.

Je suis de votre avis, monsieur.

CASIMIR.

Vous voyez qu'il ne s'agissait que de s'entendre... et comme nous avons à causer encore un peu, nous allons...

JOSÉPHINE.

Non, messieurs, vous ne nous quitterez pas, quand je devrais appeler ma marraine, les garçons d'auberge, les voyageurs, tout le monde!

CASIMIR, à part.

Diable!... (Frappé d'une idée, allant se placer entre elle et Frédéric.) Ah! au fait, monsieur Frédéric, puisque je suis votre témoin, c'est moi seul que ça regarde... il est donc inutile... (A Adèle et à Joséphine.) Monsieur Frédéric va rester avec vous....

FRÉDÉRIC.

Moi!...

JOSÉPHINE.

C'est cela, pas vrai, mademoiselle?

ADÈLE, bas à Joséphine.

Oui, oui...

FRÉDÉRIC, s'en défendant.

Permettez... je ne puis...

CASIMIR, bas, avec force à Frédéric.

Je vous en supplie! (Haut.) Ah! monsieur Frédéric, ce n'est pas galant... puisque ces demoiselles le desirent... (Bas à Frédéric.) Vous vous échapperez plus tard.

FRÉDÉRIC, bas.

Mais vous me promettez...

CASIMIR, vivement, voyant que les deux femmes l'observent.

Je vous le promets (Aux dames.) Vous voilà bien tranquilles, j'espère.

JOSÉPHINE, à demi-voix.

Tu es gentil, va!

CASIMIR, à Monbrun et les autres.

Je suis à vous, messieurs... (A Joséphine.) Fifine, ta main!... (La serrant avec émotion.) Adi... (avec fermeté.) au revoir...(A Monbrun.) Messieurs...

(Ils sortent tous cinq par la droite.)

SCÈNE XIV.

FRÉDÉRIC, JOSÉPHINE, ADÈLE.

FRÉDÉRIC, à part.

Ah! pourvu que je puisse m'éloigner d'elles!

JOSÉPHINE.

Eh bien? monsieur Frédéric... que signifie cet air distrait? vous ne remerciez pas seulement mademoiselle Adèle, à qui j'ai tout dit, et qui accourait pour empêcher le combat.

FRÉDÉRIC.

Ah! mademoiselle!... (A part.) Je tremble!... (Haut.) Venez, rentrons, il faut...

JOSÉPHINE, s'accrochant à son bras.

Non, non, vous ne nous quitterez pas qu'il ne soit revenu.

FRÉDÉRIC, à part, avec anxiété.

Ah! reviendra-t-il?...

JOSÉPHINE.

Parce que lui, il aura pris toutes ses précautions pour que ce soit bien fini... il vous est si attaché!...

FRÉDÉRIC.

Oh! oui, je le sais.

ADÈLE *.

AIR : Un page aimait la jeune Adèle.

Vous ne savez pas tout encore.

FRÉDÉRIC.

Quoi donc?

JOSÉPHINE.

Il fléchit le courroux
D'un bienfaiteur que votre cœur honore
Et que l'absence irritait contre vous.

FRÉDÉRIC.

(Parlé.) Mon oncle!

JOSÉPHINE.

Oui, son amitié peu commune,
Aux prièr's mém' pour vous ayant recours,
A veillé sur votre fortune.

* Ce couplet doit être chanté avec beaucoup de vivacité et d'entraînement.

FRÉDÉRIC, lui serrant la main avec expression.

Moi, je veillerai sur ses jours,
Ah! je dois veiller sur ses jours!

(On entend un coup de pistolet.)

JOSÉPHINE.

O ciel!

FRÉDÉRIC, voulant lui échapper.

Ah! laissez-moi... laissez-moi...

JOSÉPHINE.

Mon Dieu! qu'y a-t-il donc?...

FRÉDÉRIC.

Si vous saviez... M. Monbrun... Casimir... (Joséphine va s'élancer; on entend un second coup de pistolet.) Ah! le malheureux!...

JOSÉPHINE.

Casimir!...

MADAME ORTHÈS, accourant.

Quel bruit?...

FRÉDÉRIC, à Adèle et à madame Orthès.

Retenez-la... retenez-la... je cours...

SCÈNE XV.

Mme ORTHÈS, ADÈLE, JOSÉPHINE; CASIMIR, pâle, agité, les cheveux en désordre, FRÉDÉRIC.

JOSÉPHINE, courant à lui.

Casimir!...

CASIMIR, cachant vivement sa main gauche, qui est enveloppée d'un foulard.

Eh bien! eh bien! quoi?... qu'est-ce qu'il y a?... me voici... c'est fini... Allons, plus de chagrin!...

JOSÉPHINE, apercevant sa main.

Ciel!...

TOUS.

Blessé!...

CASIMIR.

Eh non! non... rien du tout... au contraire...

FRÉDÉRIC.

Après m'avoir promis...

CASIMIR.

Dame!... vous n'arriviez pas... l'autre s'impatientait un peu... moi aussi... beaucoup... et puisqu'il ne s'agissait plus que de... (il fait le geste de lâcher la détente.) il n'y avait pas besoin de se mettre une demi-douzaine pour ça... (à Joséphine en riant.) n'est-ce pas? (Voyant qu'elle pleure.) Comment... encore?... Ah! Joséphine... pas de ça... Joséphine!... Mais a-t-elle un mauvais caractère donc, aujourd'hui!... au lieu de se réjouir... Aurais-tu mieux aimé...

(Il fait le geste d'être tué.)

JOSÉPHINE, lui mettant la main sur la bouche.

Ah!...

CASIMIR.

Ma foi! j'en ai été bien près... sans le négociant, l'ancien...

TOUS.

Comment?...

CASIMIR.

Oui, nous venions de recommencer la petite promenade de tout-à-l'heure... nous ajustions... (à Joséphine, en lui pressant la main.) je pensais à toi, pauvre amie... tout-à-coup, à quelques pas de moi, la voix du vieux... celui qui a un coup de marteau... « Les pistolets, à combien? » Je me retourne... Vzitt... la balle de l'autre... sans mon mouvement, je l'avais ici.

(Il montre sa poitrine.)

TOUS, mélange de joie et de frayeur.

Ah!...

CASIMIR.

Oui... n'est-ce pas... moi aussi... d'abord ça m'a un peu... quand on n'en a pas l'habitude... Si bien que j'oubliais que c'était à mon tour, quand l'officier m'a crié: « Eh, morbleu! tirez donc!... »

TOUS.

Eh bien?...

CASIMIR, avec émotion.

Dame!... je me suis avancé machinalement... et quand j'ai été tout près de lui...

TOUS.

Eh bien!...

(Monbrun entre avec le commandant.)

CASIMIR.

Eh bien, alors...

SCÈNE XVI.

ADÈLE, FRÉDÉRIC, JOSÉPHINE, CASIMIR, MONBRUN, Mme ORTHÈS, LE COMMANDANT.

MONBRUN, avec dépit.

Alors, monsieur a refusé de tirer sur moi.

CASIMIR.

Parbleu!

MONBRUN.

Vous en aviez le droit.

CASIMIR.

Le droit... le droit... possible; mais j'aurais bien voulu vous y voir, vous!... c'est vrai...

AIR d'Agnès.

Là, devant soi, voir un homme sans armes;
Se dire: « En mes mains est son sort,
Il ne peut plus, lui, me causer d'alarmes;
Moi, si je le veux... il est mort:
Si je le veux, à l'instant il est mort.
Et le frapper!... »

(Frémissant.)

Ah! malgré mon outrage,
Je l' sens, mon cœur aurait trahi mon bras!
Non, non, jamais! qu'un autre ait ce courage,
Moi, monsieur, je ne l'aurais pas.
Non, monsieur, non, je ne l'ai pas!

(Murmure général d'approbation.)

MADAME ORTHÈS, pleurant d'admiration.

Brave jeune homme!...

MONBRUN, s'approchant de Casimir avec franchise et cordialité.

Monsieur Casimir...

CASIMIR.

Voilà!...

MONBRUN.

J'ai été aujourd'hui plus maladroit que de coutume... (lui tendant la main.) mais j'en suis bien aise.

CASIMIR, lui serrant la main.

Et moi aussi! parole d'honneur!

(On rit.)

MADAME ORTHÈS, s'essuyant les yeux.

Il n'y a pas à dire... c'est qu'il vous fait rire et pleurer en même temps!...

CASIMIR.

Eh bien! madame Orthès... vous savez? mais soyez tranquille, puisque je vis... le Caboulet...

FRÉDÉRIC.

Sera payé dès aujourd'hui...

CASIMIR.

Bah!... vous...

FRÉDÉRIC.

C'est moi seul que cela regarde... oui, mon brave Casimir, je me charge de votre présent, de votre avenir et de celui...

CASIMIR.

Merci... je ne m'y oppose pas. (A Joséphine.) Joséphine, remercie monsieur. (A Frédéric.) J'accepte, du moins provisoirement, car plus tard... (mouvement de Frédéric.) et puis à une condition, c'est que nous retournons demain près de votre oncle. (Geste d'assentiment de Frédéric.)... Tu en verras, Fifine, des magasins... (A Frédéric.) Vous lui déclarerez que vous voulez épouser mademoiselle Adèle...

MONBRUN.

Qu'est-ce que c'est?

CASIMIR.

Quoi donc?...

MONBRUN.

Mademoiselle qui accueillait mes soins... Ah! je ne...

FRÉDÉRIC.

Monsieur...

TOUS.

Ciel!...

CASIMIR, retenant Frédéric et Monbrun.

Encore!... deux fois en un jour! ah! Monbrun... si c'est là votre régime!... bien obligé... c'est trop malsain...

MADAME ORTHÈS.

Il a raison, monsieur Monbrun, toute la ville serait contre vous...

MONBRUN, à part.

Morbleu!...

CASIMIR, lui prenant la main.

Hein!.... Monbrun.... allons, Monbrun.... veux-tu être mon ami?

MONBRUN.

Eh!... après tout... mademoiselle est bien libre...

CASIMIR.

A la bonne heure!... vous êtes gentil... quand tu veux... Et nous, partons bien vite, car si je restais plus long-temps je finirais par devenir mauvaise tête aussi... (A Joséphine.) Joséphine!... (Elle ne répond pas.) Oh!... nous boudons?...

MADAME ORTHÈS.

Mademoiselle!... que je vous voie!...

CASIMIR.

Laissez donc... je connais ça... vous allez voir... (A Joséphine.) Fifine... tu m'en veux donc?

JOSÉPHINE.

Certainement! fi, monsieur... me tromper!... s'exposer à se faire tuer!...

CASIMIR.

Fifine, pas de rancune! voilà ma main, la bonne... celle qui sert à se marier... Eh bien? (Elle boude.) Fifine, attention... une fois, deux fois... Fifine!... trois fois... personne ne dit mot!... ad... (Il va retirer sa main, Joséphine se retourne et la saisit vivement.) Eh! allons donc!...

MADAME ORTHÈS.

A la bonne heure... embrassez-la.

CASIMIR.

Oui?... je ne m'y oppose pas.

ENSEMBLE.

AIR du postillon de Lonjumeau.

CASIMIR, FRÉDÉRIC, JOSÉPHINE, ADÈLE.

Je vois enfin combler mes vœux.
Plus de tristesse, plus d'alarmes;
Partons, et que les plus doux nœuds
Bientôt nous unissent tous deux!

MADAME ORTHÈS.

Ils voient enfin combler leurs vœux.
Plus de tristesse, plus d'alarmes;
Ces chers enfants! les plus doux nœuds
Bientôt vous uniront tous deux.

MONBRUN, à Casimir et à Joséphine.

Allez, amis, soyez heureux;
Plus de tristesse, plus d'alarmes.
Adieu; rappelez-vous tous deux
Qu'un ami vous reste en ces lieux.

CASIMIR, au public.

AIR du Baiser au Porteur.

Messieurs, dans l'état que j'exerce
On parle, on agit sans façon:
Je voudrais bien de mon commerce
Vous glisser cet échantillon,
Dans l'intérêt de ma maison.
Quant au paiement... à votre convenance:
Vous savez notre prix courant.

Cela me suffit... vous me paierez quand vous voudrez, d'autant plus que ce n'est pas la dernière fois... car j'espère bien avoir l'honneur... Eh bien... c'est dit, nous réglerons ça plus tard... Messieurs... (Saluant, ausse sortie.) Après ça, pourtant, il ne faut pas que ça vous gêne... et si vous préfériez vous acquitter tout de suite... dame ! je ne m'y oppose pas... j'avoue même que de mon côté... à cause de mes commettants... à cause de mes commettants...

En vous, messieurs, certes, j'ai confiance,
Mais je préfère être payé comptant.
En vous, messieurs, j'ai grande confiance,
Mais je préfère être payé comptant.

REPRISE DE L'ENSEMBLE.

Je vois enfin, etc.

FIN DE CASIMIR.

PARIS. — IMPRIMERIE NORMALE DE JULES DIDOT L'AINÉ,
n° 4, boulevart d'Enfer.

www.ingramcontent.com/pod-product-compliance
Lightning Source LLC
LaVergne TN
LVHW050506160826
845677LV00003B/962

* 9 7 8 2 3 2 9 6 4 1 0 1 0 *